WALTER APPENZELLER

Auf Wanderwegen im Zürcher Unterland, Rafzerfeld und Weinland

Herausgegeben von den Zürcher Wanderwegen (ZAW)

NZZ Verlag

Waldmeister

8., neu bearbeitete Auflage, 2001

Zeichnungen: Walter Appenzeller
Umschlagfoto: Klosterkirche Rheinau, Hans Ehrismann
Landeskarten im Massstab 1 : 80 000
Reproduziert mit Bewilligung des Bundesamtes für Landestopographie
(BA002842)
Internet: www.nzz-buchverlag.ch

ISBN 3 85823 875 9

Vorwort

Nach der Herausgabe des Zürichsee-Wanderbuches bat mich der Vorstand der Zürcher Wanderwege (ZAW), das Wanderbuch vom Zürcher Unterland, Rafzerfeld und Weinland neu zu bearbeiten. Nach meinen ersten Streifzügen durch dieses Gebiet stellte ich fest, dass sich zwar in den letzten Jahren vieles verändert hat, aber ein Teil der ausgewählten Routen und heimatkundlichen Hinweise des inzwischen vergriffenen Bändchens noch heute aktuell ist und darum in der Neubearbeitung mitverwoben werden konnte.

Das dichte Netz des Zürcher Verkehrsverbundes ermöglicht es, dass Ausgangs- und Zielorte der vorgeschlagenen Wanderungen gut mit den öffentlichen Verkehrsmitteln erreicht werden können. Alle Routen verlaufen auf den vortrefflich gelb markierten Wegen und können zum Teil miteinander zu Rundwanderungen kombiniert werden. Die Landschaft des Zürcher Unterlandes, Rafzerfeldes und Weinlandes mit den reich bewaldeten Höhenzügen und wunderbaren Flusslandschaften von Glatt, Töss, Thur und Rhein ist zu allen Jahreszeiten ein reizvolles Wandergebiet. Sehr sehenswert sind auch die schmucken Bauerndörfer in dieser Gegend mit ihren berühmten, einmalig schönen Riegelhäusern und Blumengärten. In unserer schnelllebigen Zeit mit ihrem Riesenangebot von Freizeitaktivitäten suchen immer mehr Menschen den Zugang zur Natur. Sie entdecken wieder die alte Weisheit, dass der Fussweg der beste Weg zur Gesundheit ist. Möge dieses Wanderbuch mit seinen Routenvorschlägen, seinen Zeichnungen, den heimat- und naturkundlichen Hinweisen mithelfen, dass das Wandern in nächster Umgebung zum angemessenen Ausgleich des Alltags wird.

Besonders danken möchte ich meiner Frau Elisabeth, dass sie mich auf den zahlreichen Wanderungen begleitet und die Texte bearbeitet hat.

Küsnacht, März 2001
Walter Appenzeller

Schwalbenschwanz

Geleitwort

Wanderbücher sind gefragt; so erfuhr das von Walter Appenzeller 1997 neu geschaffene und erfolgreiche Buch «Rund um den Zürichsee» bereits 1999 die dritte Auflage. Es lag deshalb auf der Hand, ihn mit der Herausgabe dieses Wanderbuchs über das Unterland, Rafzerfeld und Weinland zu betreuen, sind es doch bereits neun Jahre her, seit der 1998 verstorbene Gottfried Bär dessen letzte Auflage bearbeitet hat.

Nun liegt ein vollständig neu erarbeitetes Wanderbuch als 8. Auflage über das sehr beliebte Wandergebiet vor. Damit sind bereits vier der fünf Wanderbücher der «Zürcher Wanderwege» über das ganze Kantonsgebiet in der neuen, leserfreundlichen Erscheinungsform realisiert worden, mit ein Verdienst des Verlages der Neuen Zürcher Zeitung.

Dem pensionierten Küsnachter Primarlehrer Walter Appenzeller ist ein zweites Mal ein höchst erfreuliches Werk gelungen. Wir danken ihm dafür herzlich, ganz besonders auch für die zahlreichen meisterhaften Zeichnungen aus eigener Hand. Sie zeigen eindrücklich den grossen Einsatz des Verfassers für sein Buch, das damit zu einem kleinen Kunstwerk geworden ist. Ein spezieller Dank gehört auch seiner Gattin für ihre Mitarbeit.

Das Wandergebiet wird durch unsere vortrefflichen Wanderkarten für den Kanton Zürich im Massstab 1 : 25 000 Blatt 1 «Bülach/Unterland» und Blatt 2 «Andelfingen/Zürcher Weinland» abgedeckt. Mit dem vorliegenden neuen Wanderbuch, unseren Wanderkarten und unterwegs nicht zuletzt den zuverlässigen gelben Wegweisern sind Vorbereitung und Durchführung der Wanderungen ein Vergnügen. Wir wünschen dazu viel Freude.

Winterthur, März 2001
Zürcher Wanderwege (ZAW)

Der Präsident:
Dr. Ernst Huggenberger

Durch Feld und Buchenhallen
Bald singend, bald fröhlich still,
Recht lustig sei vor allem,
Wer's Reisen wählen will!

Joseph von Eichendorff

Bärlauch

Routenverzeichnis

Altberg

	Karte Routen 1–4		10
1	Zürich – Waidberg – Gubrist – Altberg – Würenlos	4 Std. 15 Min.	12
2	Weiningen – Altberg – Otelfingen	2 Std. 10 Min.	15
3	Zürich-Höngg – Weiningen – Oetwil a. d. L.	3 Std. 10 Min.	17
4	Zürich-Höngg – Altburg – Chatzensee – Rümlang	2 Std. 50 Min.	19

Lägeren

	Karte Routen 5–12		24
5	Oberglatt – Oberhasli – Dielsdorf	1 Std. 30 Min.	26
6	Dielsdorf – Regensberg – Lägerengrat – Baden	4 Std.	28
7	Dielsdorf – Mötschen – Boppelsen – Otelfingen	2 Std.	34
8	Dielsdorf – Regensberg – Baderweg – Boppelsen – Otelfingen	2 Std. 20 Min.	36
9	Buchs – Lägeren Hochwacht – Niederweningen	3 Std. 10 Min.	38
10	Otelfingen – Burghorn – Oberehrendingen	3 Std. 15 Min.	41
11	Dielsdorf – Regensberg – Lägerenalp – Oberweningen	2 Std. 25 Min.	44
12	Steinmaur – Egg – Niederweningen	2 Std. 10 Min.	46

Zwischen Wehntal und Rhein

	Karte Routen 13–21		48
13	Niederweningen – Spaltenflue – Kaiserstuhl	2 Std. 35 Min.	50
14	Niederweningen – Egg – Neerach – Bülach	4 Std.	54
15	Oberweningen – Wattwil – Kaiserstuhl	2 Std. 50 Min.	57
16	Steinmaur – Mulflenflue – Waldhusen – Kaiserstuhl	3 Std.	59

17	Dielsdorf – Bachs – Fisibach – Kaiserstuhl	3 Std. 20 Min.	60
18	Niederglatt – Höriberg – Sanzenberg – Kaiserstuhl	4 Std. 25 Min.	62
19	Stadel – Stadlerberg – Weiach – Kaiserstuhl	2 Std. 20 Min.	65
20	Niederglatt – Höriberg – Strassberg – Glattfelden	2 Std. 40 Min.	69
21	Wasterkingen – Kalter Wangen D – Küssaburg D – Zurzach	5 Std. 30 Min.	72

Bülach und Umgebung

Karte Routen 22–29 76

22	Bülach – Nöschikon – Dielsdorf	2 Std. 20 Min.	78
23	Bülach – Hochfelden – Weiach – Kaiserstuhl	3 Std. 35 Min.	82
24	Bülach – Glattauen – Laubberg – Zweidlen Station	3 Std. 05 Min.	86
25	Bülach – Dättenberg – Rhinsberg – Eglisau Station	2 Std. 40 Min.	91
26	Bülach – Dättenberg – Tössegg – Ziegelhütte – Flaach	3 Std. 10 Min.	94
27	Bülach – Dättenberg – Rorbas-Freienstein – Irchelturm – Buch a. I. – Dorf – Andelfingen	5 Std. 15 Min.	96
28	Bülach – Eschenmosen – Haurüti – Embrach	1 Std. 25 Min.	99
29	Embrach – Tössegg – Tössriederen – Eglisau	2 Std. 25 Min.	102

Eglisau und Rafzerfeld

Karte Routen 30–38 104

30	Eglisau – Kraftwerk Eglisau – Kaiserstuhl	2 Std. 15 Min.	106
31	Eglisau – Wasterkingen – Höhenweg – Gnal – Rafz	4 Std.	111
32	Hüntwangen – Wil – Gnal – Rafz	2 Std. 50 Min.	113
33	Rafz – Berwangen D – Käppeli – Bad Osterfingen	2 Std. 25 Min.	117
34	Rafz – Lottstetten D – Fähre Ellikon – Rüdlingen	3 Std. 20 Min.	121
35	Rafz – Nack D – Fähre Ellikon – Marthalen	2 Std. 50 Min.	123
36	Rafz – Nack D – Fähre Ellikon – Rheinau – Rheinfall – Neuhausen	5 Std. 20 Min.	128
37	Eglisau – Honegg – Rüdlingen – Ellikon – Dachsen	5 Std. 10 Min.	133
38	Eglisau – Buchberg – Rüdlingen – Flaach	2 Std. 25 Min.	136

Zürcher Weinland

Karten Routen 39–42			138
39	Andelfingen – Thur – Ziegelhütte – Rüdlingen – Eglisau	5 Std. 30 Min.	140
40	Andelfingen – Marthalen – Rheinfall – Neuhausen	3 Std. 40 Min.	145
41	Andelfingen – Rudolfingen – Guggeeren – Dachsen	4 Std. 10 Min.	149
42	Marthalen – Rheinau – Altenburg Station	2 Std. 45 Min.	151
Karten Routen 43–50			156
43	Andelfingen – Husen – Guntalingen – Stammheim	3 Std.	158
44	Andelfingen – Ossingen – Barchetsee – Waltalingen	3 Std. 40 Min.	160
45	Andelfingen – Husemer See – Cholfirst – Schaffhausen	4 Std. 20 Min.	166
46	Neuhausen – Flurlingen – Cholfirst – Schlatt	2 Std. 20 Min.	169
47	Stammheim – Cholfirst – Uhwiesen – Laufen am Rheinfall	4 Std. 45 Min.	171
48	Marthalen – Oerlingen – Husemer See – Ossingen	1 Std. 50 Min.	174
49	Stammheim – Stammerberg – Stein am Rhein	2 Std.	176
50	Stammheim – Nussbaumer See – Stammheim	2 Std. 45 Min.	179

Hinweise

Verkehrslinien im Wandergebiet	182
Literaturverzeichnis	184
Kartenverzeichnis	185
Zoll- und Grenzverkehr	186
Ortsverzeichnis	187
Markierungen der Wanderwege	189

«Guggenbluemli» oder Buschwindröschen

Routen 1 2 3 4
Niederweningen
Schöfflisdorf
Schleinikon
Sünikon
Burghorn
Hochwacht
Regensberg
Boppelsen
Otelfingen
Furtbach
Ötlikon
Hüttikon
Dänikon
Dällikon
Kempfhof
Wettingen
Würenlos
Hüttikerberg
Neuhard
Oetwil a.d.L.
Geroldswil
Killwangen
Spreitenbach
Sennhof
Remetschwil
DIETIKON
Kloster Fahr
Hausen
Kindhausen
Baltenschwil
Schönenberg
Bellikon
Bergdietikon
Nieder-Urdorf
Ober
Heitersberg
Hasenberg
Holenstross
4 km

Steinmaur
Nöschikon
Niederglatt
Winkel
Niederhasli
Hofstetten
Niederrüti
Dielsdorf
Oberglatt
Mettmenhasli
Nassenwil
Oberhasli
Flughafen-Zürich
Ibig
Oberdorf
Rümlang
Watt
Sand
Chatzenrüti
Glattbrugg
Chatzensee
Affoltern
Altburg
Gubrist
Seebach
Rütihof
Oerlikon
Höngg
Chäferberg
Wipkingen
Schwa
Zürichber
Altstetten
Albis-rieden
A51
A1
17

1

Zürich-Buchegg
Waidberg
Altberg
Gubrist
Würenlos

Ausgedehnte Sommerwanderung durch schattenspendende Wälder über sanfte Hügel an der Wasserscheide von Limmat- und Furttal.

Hinweg	Route	Höhe	Rückweg
	Zürich-Bucheggplatz	472 m	4 Std. 25 Min.
30 Min.	Waidberg	571 m	4 Std.
2 Std.	Gubrist Rastplatz	590 m	2 Std. 30 Min.
3 Std. 15 Min.	Altberg	631 m	1 Std. 15 Min.
3 Std. 40 Min.	Hüttikerberg	519 m	40 Min.
4 Std. 15 Min.	Würenlos Station	420 m	

Hinfahrt:	Mit Tram oder Bus zum Bucheggplatz in Zürich
Rückfahrt:	Mit S-Bahn S6 nach Zürich

Aus dem pulsierenden Verkehrsknotenpunkt am *Bucheggplatz* entschwinden wir über die riesige «Fussgängerspinne» oder die Zebrastreifen in Richtung Restaurant «Guggach», wo gleich am Waldrand dahinter unsere Wanderroute beginnt.

Der bewaldete *Waidberg* ist ein äusserst beliebtes Naherholungsgebiet der Städter mit unzähligen Spazierwegen, grossen Rastplätzen und vielen Ruhebänken. Auch Waldlehrpfade,Reitwege und ein Vita-Parcours durchziehen die gepflegten Waldungen. Wir halten uns auf der ganzen Wanderung an die gelben Markierungen mit den Wegweisern «Waidberg – Gubrist – Altberg» und können so unser Ziel nicht verfehlen. Nach einer knappen halben Stunde erreichen wir das ehemalige Waidbad mit dem Restaurant «Jägerburg», das heute zum Spiel- und Erholungsplatz ausgebaut worden ist.

Auf einem leicht abfallenden Weg treten wir kurz darauf aus dem Wald, wo sich links der Blick öffnet über das ehemalige Dorf *Höngg* ins Limmattal hinunter, zum Uetliberg, über die Stadt hinweg zum Zürichsee bis zu den Alpen. Rechter Hand erheben sich die grossen, modernen Bauten der Eidgenössischen Technischen Hochschule (ETH).

Auf dem *Hönggerberg* orientieren uns hübsch gestaltete Tafeln über einen interessanten landwirtschaftlichen Lehrpfad zu den Themen «Natur – Produktion – Konsum». Sogar ein Milchautomat liefert hier Tag und Nacht jede gewünschte Menge frischer Milch.

Jetzt gehts weiter bergab, bis wir durch eine Fussgängerunterführung und später über eine Brücke auf die andere Seite der stark befahrenen Strassen gelangen. (Bushaltestelle Hönggerberg)

Auf der verkehrslosen Kappenbühlstrasse erreichen wir einen Aussichtspunkt und einen Findlingsgarten mit erratischen Blöcken aus dem Bündner- und Glarnerland. Beim Friedhof Hönggerberg münden die Routen 3 und 4 ein, die ebenfalls zum Werkhof des Stadtforstamtes führen. Am Waldeingang wählen wir die Grüenwaldstrasse, die als gut ausgebauter Spazierweg auch als Waldlehrpfad beschildert ist. An den eisenzeitlichen Grabhügeln im Heizenholz (700 v. Ch.) vorbei wandern wir durch gepflegten Mischwald zum Restaurant «Grüenwald» mit seinem einladenden Garten unter alten Bäumen.

Auf einem angenehmen Waldweg Richtung *Gubrist* gewinnen wir langsam an Höhe und erreichen bei den Forsthütten *Glaubeneich* einen grossen, als Kinderspielplatz geeigneten Rastplatz. Ein auffallender Lüftungsturm verrät uns, dass hier tief unten (zum Glück für uns unhörbar) der brausende Verkehr durch den Gubristtunnel rollt. Auf dem 615 m hohen *Gubrist* lohnt sich ein Halt auf einem Rastplatz an der Plateaukante mit Aussicht ins Limmattal.

Den gelben Markierungen nach fällt nun der Weg leicht ab, und unvermittelt treten wir aus dem Wald. Wir geniessen hoch über dem Dorf *Weiningen* eine herrliche Rundsicht bis zum Heitersberg hinüber. Kurz darauf überqueren wir die Autostrasse Weiningen – Regensdorf, und ca. 500 m nach dem Waldeintritt können wir zwei markierte Aufstiegsvarianten zum *Altberg* wählen:

1. Nach rechts steigt ein schmaler Trampelpfad steil aufwärts und folgt dann dem Grat, der Wasserscheide von Limmat- und Furttal.

2. Gemütlicher erreicht die Höhe, wer auf dem immer leicht ansteigenden Waldsträsschen bleibt.

Nach etwa 25 Min. vereinigen sich die beiden Wegvarianten auf dem Grat des Höhenzuges und schon bald stillen wir den Durst auf dem höchsten Punkt des Altberges (631 m) in der gemütlichen «Waldschenke» mit ihren vielen Sitzplätzen im Freien.

Wir geniessen nochmals die prächtige Rundsicht und achten für den Abstieg auf die Wanderwegtafel «Hüttikerberg». Ein Wurzelweg führt auf dem Grat abwärts und kreuzt dann eine Waldstrasse. Wir überqueren diese und folgen dem markierten Naturpfad mit dem Wegweiser «Würenlos».

Liebhaber von Naturseltenheiten könnten nach der Waldstrasse halblinks abzweigen und so auf einem schwach sichtbaren, nicht markierten Trampelpfad den ca. 200 m tiefer liegenden *«Chindlistein»* bestaunen.

Der geschützte Chindlistein ist mit seinen 7 m Höhe und 200 m^3 Gesteinsmasse aus hartem Taveyannaz-Sandstein der zweitgrösste Findling des Kantons Zürich. Er wurde vor mehr als 10 000 Jahren auf dem Rücken des Linthgletschers vom Hausstock im Glarnerland zum Altberg transportiert.

Etwas unterhalb des bizarren Blockes treffen wir auf eine Waldstrasse, auf der wir westwärts nach wenigen Minuten wieder auf unsern gelbmarkierten Weg treffen.

Beim Waldaustritt stehen wir auf dem Plateau des *Hüttikerberges,* einer Rodung, die den Blick ins Furttal und zur Lägeren freigibt. Wir kreuzen die Autostrasse Oetwil – Hüttikon und überschreiten kurz darauf im Wald die Kantonsgrenze ZH / AG. Abwärtsstrebend erreichen wir den Waldrand und erblicken das Dorf *Würenlos,* dahinter den bewaldeten Haselberg mit den hellen Kalkfelsen eines Steinbruches.

Aus dem harten Würenloser Muschelkalk wurden ausser Bausteinen zahlreiche Brunnentröge aber auch bekannte Bildwerke herausgemeisselt, wie z. B. der Geiserbrunnen am Bürkliplatz in Zürich.

Beim Wegkreuz *Gipf* (473 m) zeigt uns der Wegweiser, dass wir in 20 Min. den gelben Rhomben nach, quer durchs Dorf, die Station *Würenlos* erreichen.

Scharbockskraut

2

Weiningen Altberg Däniken Otelfingen

Müheloser Aufstieg zum bewaldeten Altberg, über offene Felder durchs Furttal nach Otelfingen.

Hinweg	Route	Höhe	Rückweg
	Weiningen Linde 🚌	413 m	2 Std.
1 Std. 10 Min.	Altberg	631 m	1 Std. 15 Min.
1 Std. 40 Min.	Dänikon 🚌	437 m	30 Min.
2 Std. 10 Min.	Otelfingen Station 🚆 🚌	427 m	

Hinfahrt:	Mit Tram13 bis Höngg-Frankental, dann mit ZVV-Bus 344 bis Weiningen-Lindenplatz.
Rückfahrt:	Mit S-Bahn S6 nach Zürich oder Wettingen

Das ehemalige Winzerdorf *Weiningen* gehört dank seiner erhaltenswerten Bausubstanz zu den schutzwürdigen Ortsbildern des Kantons Zürich. Am Dorfplatz steht z.B. der Gasthof «Zum Löwen» aus dem Jahre 1623. Sein reichverzierter Dacherker und das alte Wirtshausschild mit den Wappen von Österreich, Weiningen, Kloster Fahr und Zürich sind sehenswert. Gegenüber fällt der imposante Fachwerkbau «Zur alten Schmitte» auf. Nahe bei der Kirche mit ihrem Käsbissenturm steht hart an der Regensdorferstrasse das Schlössli, dessen ältester Teil aus dem 16. Jahrhundert stammt und von 1435–1798 Gerichtsherrensitz der Familie Meyer von Knonau war.

Wir beginnen unsere Wanderung bei der Linde auf dem Dorfplatz von Weiningen, dem Wegweiser «Altberg – Dänikon – Otelfingen» folgend. Durch ein Einfamilienhausquartier mündet die Strasse in einen Fussweg, der ins Harwätti-Tälchen zu einem Weiher hinaufführt. Wir steigen weiter bergan. Bei der grossen Kehre der Durchgangsstrasse nach Regensdorf folgen wir westwärts dem Waldrand. Der Weg führt unterhalb des Altersheims «Bruederberg» zu einer einfachen Schutzhütte mit Feuerstelle und einer Quelle. Da der einstige schmale Pfad nach rechts nicht mehr begehbar ist, folgen wir dem Waldsträsschen weiter und steigen den Treppenweg beim Naturfreundehaus direkt zum höchsten Punkt des Altberges (631 m) hinauf. Die romantische «Waldschenke» mit der grossen Gartenwirtschaft und die alte, heimelige Wirtsstube mit ihren Petrollampen laden zum Verweilen ein.

Für den Abstieg nach *Dänikon* wählen wir zwischen zwei Wegvarianten:

1. Gleich hinter der Waldschenke sticht ein Pfad in der Falllinie den schattigen Nordhang hinunter. Er ist nur mit gutem Schuhwerk und bei nassen Bodenverhältnissen schon gar nicht zu empfehlen. (20 Min.)

2. Die gemächlichere Waldstrasse zweigt in einer grossen Kehre fast am gleichen Punkt, an dem wir beim Aufstieg den Grat erreicht haben, von diesem in nördlicher Richtung ab. (30 Min.)

Beim Waldaustritt oberhalb Dänikon weitet sich das breite, ebene Furttal vor uns aus.

Bis zum Anfang des letzten Jahrhunderts war die ganze Ebene ein grosses Sumpfgebiet. Die Siedlungen Dänikon, Dällikon, Hüttikon, Buchs und Otelfingen sind daher alle am Rande des Talgrundes angelegt worden. Bei der Melioration (1919–1923) wurde der Furtbach kanalisiert und tiefer gelegt. Dadurch gewann man damals wertvolles Ackerland. Dänikon hat bis heute seinen bäuerlichen Charakter erhalten. Im Nachbardorf *Hüttikon* steht das geschützte einzig erhalten gebliebene Strohdachhaus im Kanton Zürich (1652) mit einer offenen Herdstelle und den von Rauch gezeichneten Balken.

Abwärtsschreitend durchqueren wir das Dorf Dänikon und erreichen, den gelben Rhomben nach, den Furtbach und auf der andern Talseite die Bahnstation *Otelfingen.*

Hier trafen einst die Linie der Nationalbahn (Effretikon – Seebach – Wettingen) und die Nebenlinie der Nordostbahn (Niederglatt – Otelfingen) zusammen. Die Verbindung nach Niederglatt wurde 1937 stillgelegt. Einige Trassee-Teilstücke dienen heute noch als Industriegeleise.

Wer recht in Freuden wandern will,
der geh' der Sonn' entgegen!

Emanuel Geibel

3

Höngg Weiningen Geroldswil Oetwil an der Limmat

Leichte, sonnige und aussichtsreiche Wanderung an den Südhängen des Limmattales. Besonders geeignet im Frühling und Herbst.

Hinweg	Route	Höhe	Rückweg
	Höngg-Meierhofplatz	462 m	3 Std. 10 Min.
45 Min.	Grüenwald	528 m	2 Std. 30 Min.
1 Std. 50 Min.	Weiningen	413 m	1 Std. 20 Min.
2 Std. 30 Min.	Geroldswil	420 m	40 Min.
3 Std. 10 Min.	Oetwil a. d. Limmat	400 m	

Hinfahrt:	Mit Tram 13 oder Bus 46 und 80 bis Meierhofplatz in Zürich-Höngg.
Rückfahrt:	Mit ZVV-Bus 344 bis Höngg-Frankental, dann mit Tram 13 in die Stadt.

Vom Meierhofplatz, dem alten Dorfkern des ehemaligen Winzerdorfes Höngg, folgen wir der Regensdorferstrasse bis zur Mosterei Zweifel. Nach links führt die Michelstrasse, nach rechts der schattige, alte Hohlweg, die Holbrigstrasse, auf den Hönggerberg, wo wir auf Route 1 stossen. Wir ziehen nun auf dem gleichen Weg westwärts dem Gubrist zu. Etwa 500 m nach dem Restaurant «Grüenwald» weist uns ein Wegweiser «Engstringen» nach links.

Der leicht abfallende Weg führt durch eine geschlossene Geländekammer beim grossen Hof «Sunnenberg» vorbei. Wir blicken über die neu überbauten Quartiere von Engstringen ins weite Limmattal mit seinen Hochhäusern, Industriebauten und Verkehrswegen. Beim Rastplatz mit Feuerstelle und Brunnen weisen uns die gelben Rhomben nach rechts aufwärts dem Waldrand entlang in 5 Min. zum *Sparrenberg*.

Wir folgen dem Wiesenweg, der sich leicht senkt und zu den Rebhängen oberhalb *Weiningen* führt. Bei den letzten Rebstöcken steigen wir links ab zum Dorfzentrum. (s. Route 2)

Nicht nur am Zürichsee, auch am Sonnenhang des Limmattales bauten wohlhabende Zürcher Stadtbürger im 16. und 17. Jahrhundert ihre stattlichen Landsitze. Der 1758 erstellte «Sparrenberg» an schönster Lage ist einer der am besten erhaltenen Herrschaftssitze und wurde 1970 von der Gemeinde Unterengstringen erworben.

Beim prachtvollen Lindenplatz, dem Dorfplatz von Weiningen, schwenken wir im spitzen Winkel nach rechts ab und folgen dem Wanderweg «Geroldswil». Zwischen Einfamilienhäusern am ehemaligen Rebhang führt eine Treppe hinauf direkt zum weitherum bekannten Aussichtsrestaurant «Winzerhaus». Nach dem Treppensteigen, vielleicht bei kühlem Trunk auf der Winzerhausterrasse, geniessen wir erneut die Sicht auf das breite Talbecken der Limmat bis hin zum Uetliberg und den Glarner Alpen am weiten Horizont.

Gleich unterhalb des Gasthauses führt unser Weg weiter oberhalb der Rebhänge von Weiningen, der drittgrössten Rebbaugemeinde des Kantons Zürich. An der Gemeindegrenze stehen wir schon bei den ersten Häusern von *Geroldswil.* Hier könnte man in einer Viertelstunde ins Dorf zur Bushaltestelle absteigen.

Wir aber umgehen die neu erstellten Eigenheime auf einem Trampelpfad längs des Waldrandes der Hasleren bis zur Waldrütistrasse, die uns zum Aeschbrig leitet. Ein schöner Waldweg führt uns zum Fischweiher, wo uns ein Wegweiser verrät, dass wir in 7 Min., dem Bächlein folgend, unser Ziel, *Oetwil an der Limmat* erreichen.

Oetwil a.d. Limmat, so genannt zum Unterschied von Oetwil am See, konnte glücklicherweise seinen Dorfkern mit einigen sehr alten Bauernhäusern und dem «Zehntenspycher», dem heutigen Wahrzeichen des Dorfes, weitgehend erhalten.

Dächer in Weiningen

4

Zürich-Höngg Hönggerberg Altburg Chatzensee Chatzenrüti Rümlang

Eine Wanderung, die das Limmat-, Furt- und Glatttal verbindet. An zwei beliebten Ausflugszielen vorbei: der Ruine Alt-Regensberg und dem Chatzensee.

Hinweg	Route	Höhe	Rückweg
	Höngg Meierhofplatz	462 m	2 Std. 50 Min.
1 Std. 15 Min.	Ruine Altburg	471 m	1 Std. 35 Min.
1 Std. 30 Min.	Chatzensee	441 m	1 Std. 20 Min.
2 Std.	Chatzenrüti	455 m	50 Min.
2 Std. 50 Min.	Rümlang	429 m	

Hinfahrt:	Mit Tram 13 oder Bus 46 und 80 bis Meierhofplatz in Zürich-Höngg.
Rückfahrt:	Mit S-Bahn S5 nach Zürich

Der Aufstieg vom Meierhofplatz in Höngg zum Plateau des Hönggerberges hinauf ist in Route 3 genau beschrieben. Nach dem Friedhof wählen wir die Huberwiesenstrasse, die uns durch einen schattigen, dichten, hochstämmigen Mischwald zu einem kleinen Rastplatz mit hübschem Brunnen führt. In die hölzerne Stud ist das Hönggerwappen geschnitzt, das mit Rebstock und Rebmesser sowohl an das alte Höngg mit seinen vielen Rebhängen als auch an das währschafte Winzerhandwerk erinnert. Bald erreichen wir die viel befahrene Regensdorferstrasse, neben der wir auf einem Fussweg bis zum Hof Geissberg weitergehen.

Vor uns weitet sich das Furttal, das im Dreieck Regensdorf – Buchs – Dällikon zu einer der bedeutendsten Industrieregionen des Kantons Zürich gewachsen ist. Am Horizont erblicken wir über die Hochhäuser und ausgedehnten Industriebauten hinweg den gestreckten Grat der Lägeren und auf dessen Ausläufer das Städtchen Regensberg.

Gut 100 m nach der Häusergruppe Geissberg biegen wir im rechten Winkel in einen Wiesenpfad ein, der gradlinig den Hang hinunterführt.

Im Talgrund überqueren wir vorsichtig die Verkehrsstrasse Affoltern – Regensdorf und streben dem nahen Wäldchen zu. Dahinter stehen wir unvermittelt vor dem Moränenhügel mit der *Ruine von Alt-Regensberg.* Wir umgehen den Burghügel und finden von der Burgholzstrasse her den Zugang.

Die Alt-Burg wurde im 11. Jahrhundert erbaut und von den «Freiherren von Regensberg» bewohnt, die zu den mächtigsten Adelsgeschlechtern im Züribiet gehörten. Sie gründeten die Städtchen Grüningen, Kaiserstuhl, Regensberg und die Klöster Fahr und Rüti. Nach dem Niedergang der Regensberger zerfiel die Burg und diente als Steinbruch für Bauten in der Umgebung. Heute zeugt noch ein hoher Mauerzahn als letzter Rest des mächtigen Bergfrieds inmitten der Ringmauer von der Stammburg der Regensberger.

Nördlich der Altburg überschreiten wir die Bahngeleise und gelangen nach dem Überqueren der äusserst stark befahrenen Autostrasse zum Gut Chatzensee. Hier treffen sich mehrere Wanderrouten.

Lockt uns ein erfrischendes Bad, folgen wir rechts dem Wanderwegweiser «Waldhaus – Strandbad», zum vielbesuchten, einmaligen Ausflugsziel am Chatzensee. Schätzen wir eher die Ruhe in unberührter Landschaft, wählen wir den Weg halblinks auf der Nordseite des Sees vorbei. Kurz vor *Chatzenrüti* treffen sich die beiden Wege wieder.

Das schon 1915 unter Schutz gestellte Chatzenseegebiet ist ein einzigartiges Naturjuwel am Stadtrand, das zur Hälfte auf Stadtzürcher Boden liegt. Der Naturschützer Walter Höhn schwärmte von dem landschaftlichen Kleinod: «Wenn man von einem Seelein zum andern hinüberwandert, so bekommt man ganz den Eindruck, jedes träume unabhängig vom andern sein Eigendasein. Denn auch der kleine Chatzensee liegt verborgen für sich hinter einem Kranz von Birken, Weiden und Erlengebüsch, nordwärts an einsame Felder sich lehnend.» Tatsächlich sind die beiden Chatzenseebecken mit den angrenzenden Hochmooren und Rietwiesen Relikte aus der letzten Eiszeit und beherbergen eine Vielzahl von seltenen Pflanzen und Tieren. Besonders stimmungsvoll zeigt sich die Urtümlichkeit dieser Landschaft im Herbst, wenn Nebelschwaden über den See durchs Röhricht ziehen und die Birken mit ihren weissen Stämmen und gelben, zitternden Blättern herausleuchten.

Am Chatzensee

Ruine Altburg

Kleinjogg-Hof in Chatzenrüti

Nordöstlich des Chatzensees treffen wir auf den malerischen Weiler *Chatzenrüti.*

Auf dem alten, prächtig restaurierten Chatzenrütihof wirkte von 1769–85 der philosophierende Landwirt Jakob Gujer, genannt Kleinjogg. Mit seinen zukunftsweisenden Neuerungen in der Landwirtschaft wurde er über die Grenzen hinaus berühmt. So erhielt er auch zweimal Besuch von Johann Wolfgang Goethe.

Bevor wir oberhalb des Weilers in den Wald einschwenken, blicken wir nochmals rückwärts auf die verträumte Chatzenseelandschaft und auf die Hügelkette Chäferberg – Gubrist – Altberg, die den Horizont über dem Furttal bildet. Auf guter ebener Waldstrasse streben wir Rümlang zu. Beim Waldaustritt öffnet sich das breite Glatttal. Auffallend für Aug und Ohr ist das riesige Flughafengelände und der Lärm des immer stärker werdenden Flugverkehrs. Durch ausgedehnte neue Wohngebiete, am einzigartigen alten Kirchturm mit seinem gezimmerten Glockenhaus und dem hochragenden Zeltdach aus dem 15. Jahrhundert vorbei, gelangen wir in 20 Min. zum Bahnhof von *Rümlang.*

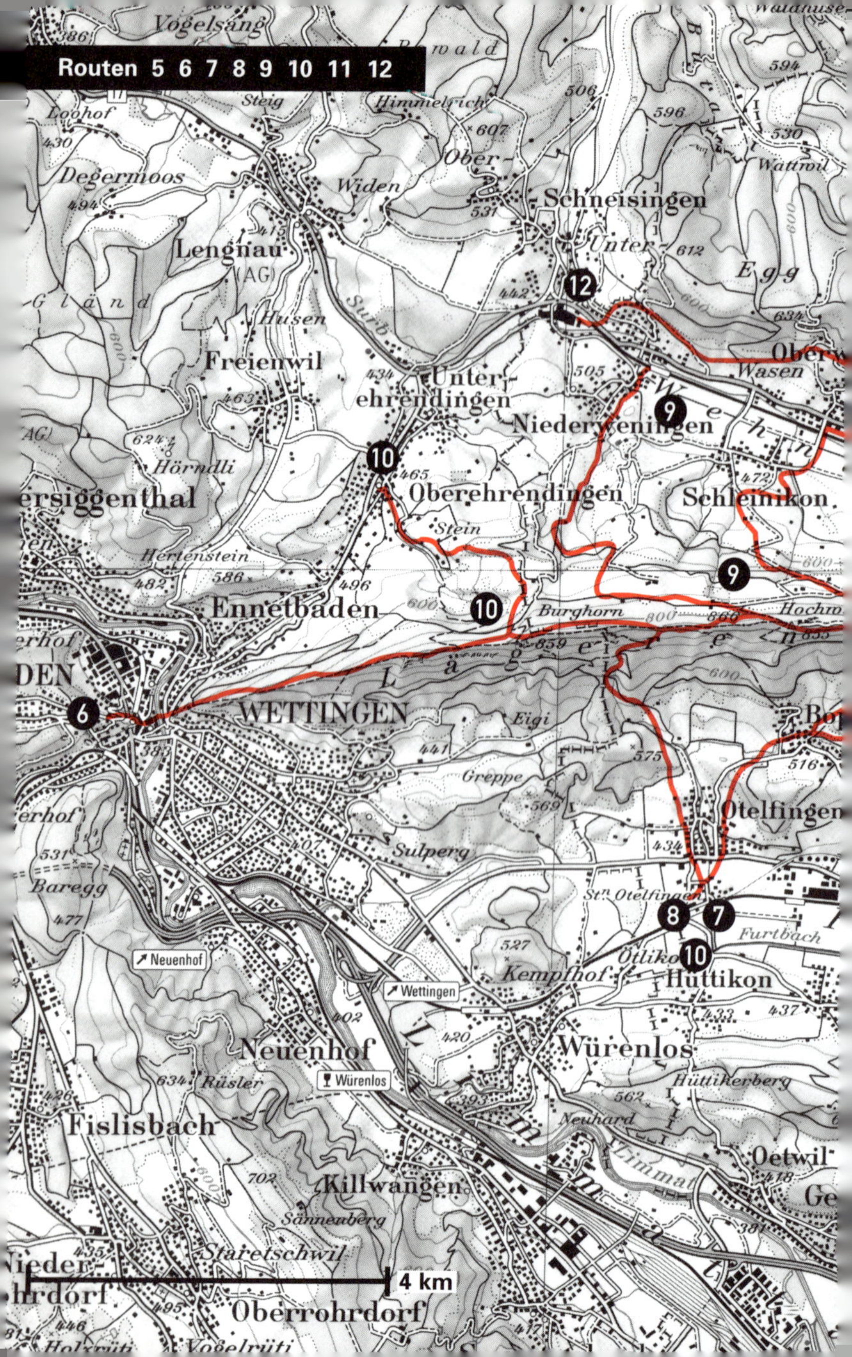
Routen 5 6 7 8 9 10 11 12
Vogelsang
Loohof
Degermoos
Lengnau
(AG)
Husen
Freienwil
Hörndli
ersiggenthal
Hertenstein
Ennetbaden
WETTINGEN
Steig
Himmelrich
Ober-
Widen
Schneisingen
Unter-
Egg
Wattwil
Surb
Unterehrendingen
Oberehrendingen
Niederweningen
Wasen
Schleinikon
Stein
Burghorn
Lägern
Eigi
Greppe
Sulperg
Otelfingen
St.n Otelfingen
Furtbach
Ötlikon
Hüttikon
Kempfhof
Würenlos
Hüttikerberg
Neuhard
Oetwil
Limmat
Baregg
Neuenhof
Wettingen
Würenlos
Rüsler
Fislisbach
Killwangen
Sänneberg
Staretschwil
Oberrohrdorf
Vogelrüti
4 km

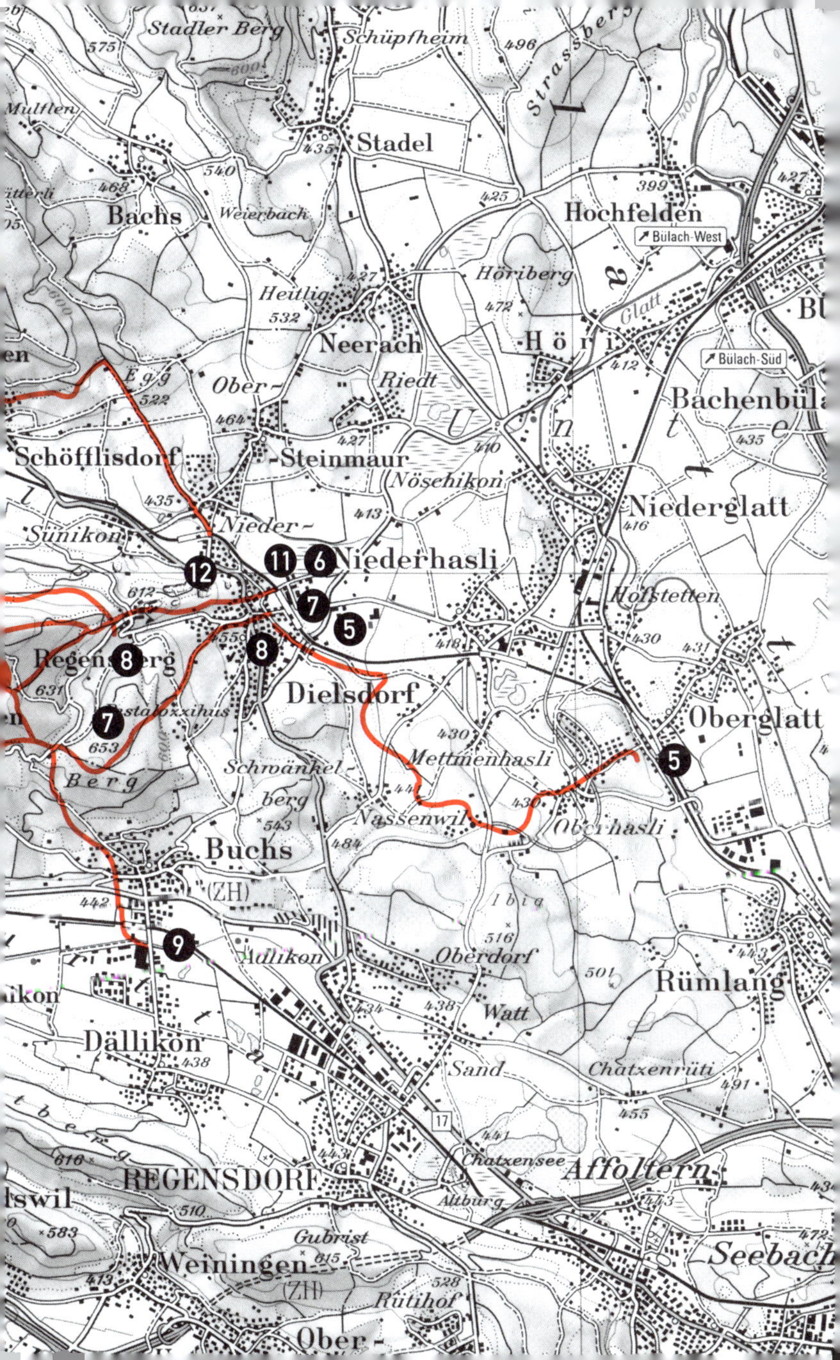

Stadler Berg
Schüpfheim
Strassberg
Stadel
Bachs
Weierbach
Hochfelden
Bülach-West
Höriberg
Heitlig
Neerach
Höri
Glatt
Bülach-Süd
Bachenbüla
Egg
Ober-
Riedt
Schöfflisdorf
Steinmaur
Nöschikon
Niederglatt
Sünikon
Nieder-
Niederhasli
Hofstetten
Regensberg
Dielsdorf
Oberglatt
Pestalozzihus
Mettmenhasli
Berg
Schwänkel-
berg
Nassenwil
Oberhasli
Buchs
(ZH)
Adlikon
Oberdorf
Rümlang
Watt
Dällikon
Sand
Chatzenrüti
Chatzensee
Affoltern
REGENSDORF
Altburg
Gubrist
Seebach
Weiningen
Rütihof
Ober-

5

Oberglatt Oberhasli Dielsdorf

Gemächlicher Halbtagesspaziergang durch offenes, sonniges Bauernland und über sanfte Hügel.

Hinweg	Route	Höhe	Rückweg
	Oberglatt Station 🚆 🚌	429 m	1 Std. 30 Min.
20 Min.	Oberhasli 🚌	430 m	1 Std. 10 Min.
1 Std. 30 Min.	Dielsdorf Station 🚆 🚌	428 m	

Hinfahrt:	Mit S-Bahn S5 nach Oberglatt
Rückfahrt:	Mit S-Bahn S5 ab Dielsdorf

Am Bahnhof *Oberglatt* benützen wir die Unterführung, dem Wanderwegweiser «Dielsdorf» nach, um auf die Hangseite der Geleise zu gelangen. Wir überschreiten die Zürcherstrasse und steigen einen gepflästerten Weg und später die Haslibergstrasse leicht an. Beim Reservoir, knapp vor dem Scheitelpunkt des Hasliberges, blicken wir zurück übers breite Glatttal mit dem Flughafengelände. Läge der Hasliberg nicht im Bereich des Fluglärms, böte die Wohnlage hier, vor allem auf der Seite von Oberhasli eine vorzügliche Lebensqualität. Links und rechts unseres Weges entdecken wir die rot-weissen Kugeln der Flugsicherung des Flughafens Kloten, die abends mit roten Lichtern blinken. Durch die ausgedehnte Überbauung mit vorstädtischem Charakter steigen wir abwärts und erreichen nach dem Geleise der stillgelegten Nordostbahnlinie den gut erhaltenen alten Dorfkern von *Oberhasli.* Nieder-, Ober-Mettmenhasli und der Weiler Nassenwil bilden gemeinsam die politische Gemeinde Niederhasli. Der Dorfplatz von Oberhasli mit Linde und Brunnen ist ein Knotenpunkt von mehreren Wanderrouten.

Wir wählen den Wanderweg «Dielsdorf». Nach den letzten Häusern von Oberhasli zweigen wir links ab und steigen einen sanften Hügel hinauf. Später überqueren wir die Verbindungsstrasse Dielsdorf – Niederhasli, ziehen an grossen Tanklagern vorbei und erblicken bald das kleine Dörfchen Nassenwil, hübsch in der Talmulde eingebettet. In der Ferne erkennen wir bereits den Kirchturm von Dielsdorf, am Lägerengrat das Städtchen Regensberg und dahinter die Tafelberge Egg und Stadlerberg.

Den gelben Markierungen nach gelangen wir durch sonniges Wiesen- und Ackerland an den jungen Scheidbach, dem wir, einem neu angelegten Heckenlehrpfad entlang, bis zum Bahndamm folgen. Die Bahnlinie weist uns den Weg zur Station *Dielsdorf*.

Der zerklüftete, exponierte Gratweg der Lägeren

6

Dielsdorf
Regensberg
Hochwacht
Lägerengrat
Baden

Spannende Höhenwanderung über die Lägeren. Ziemlich steiler Aufstieg zum historischen Städtchen Regensberg, gemächlicher Spaziergang zur Hochwacht und später auf schmalem, felsigem, z. T. exponiertem Bergweg. Empfehlenswert im Vorfrühling oder Herbst (Nebelmeer mit einzigartigem Rundpanorama!)

Hinweg	Route	Höhe	Rückweg
	Dielsdorf Bahnhof 🚆 🚌	428 m	4 Std.
40 Min.	Regensberg 🚌	612 m	3 Std. 30 Min.
1 Std. 40 Min.	Lägeren Hochwacht	856 m	2.Std. 50 Min.
2 Std. 30 Min.	Burghorn	859 m	2 Std.
4 Std.	Baden Bahnhof 🚆 🚌	382 m	

Hinfahrt:	Mit S-Bahn S5 nach Dielsdorf
Rückfahrt:	Mit S-Bahn S12 oder Schnellzügen Baden – Zürich

Ausgangspunkt unserer ausgedehnten Wanderung ist der Bahnhof *Dielsdorf*. Der gelbe Wegweiser mit dem roten Dreieck «Regensberg – Hochwacht – Baden» zeigt uns den Beginn des Jurahöhenweges, eines Teilstücks des Europäischen Fernwanderweges E4 an. Nach ca. 300 m zweigt von der Bahnhofstrasse nach rechts ein schmaler Fussweg ab und führt an älteren Riegelbauten vorbei zur Hauptstrasse hinauf.

Der Bezirkshauptort Dielsdorf entwickelte sich langsam von einem kleinen Bauerndorf zu einer grossen Wohn- und Industriegemeinde. Dank der massvollen Bauentwicklung konnten Zerstörungen des Ortsbildes in Grenzen gehalten und schöne Teile im alten Dorfkern stilvoll renoviert werden.

Beim alten Schul- und heutigen Gemeindehaus beginnt der recht steile Aufstieg durch Gärten und Reben nach Regensberg. Rechter Hand fällt hinter einer Abschrankung die Wand eines grossen Steinbruches gefährlich in die Tiefe. Im Lägerenkalk sind häufig Versteinerungen zu finden. (Fossiliensammler erhalten eine Eintrittsbewilligung bei der Steinbruch-Verwaltung.) Der gelbe Lägerenkalk ist beliebt für Trockenmauern oder als Schotter für Wegbekiesungen.

Weiter bergansteigend erreichen wir durch das ehemalige Osttor das Städtchen *Regensberg* und sind fasziniert: Links und rechts ist der Hof der Oberburg umrahmt von altehrwürdigen, sehr gepflegten Häusern, die mit ihren aneinandergereihten Giebelseiten einst die Ringmauer bildeten.

Nachdem wir nun all die interessanten Schönheiten des bezaubernden Städtchens Regensberg bestaunt haben, gehts jetzt weiter auf unserer Lägerenwanderung. Am Ausgang der Unterburg, einem Wanderweg-Knotenpunkt, wählen wir den durchwegs rot-gelb markierten Gratweg «Hochwacht – Burghorn – Baden», der nach den letzten neueren Häusern nach rechts von der Fahrstrasse abzweigt und in wenigen Minuten durch den Wald zu einer langgestreckten Geländekammer führt. Dort werfen wir nochmals einen letzten Blick zurück auf das malerische Städtchen Regensberg.

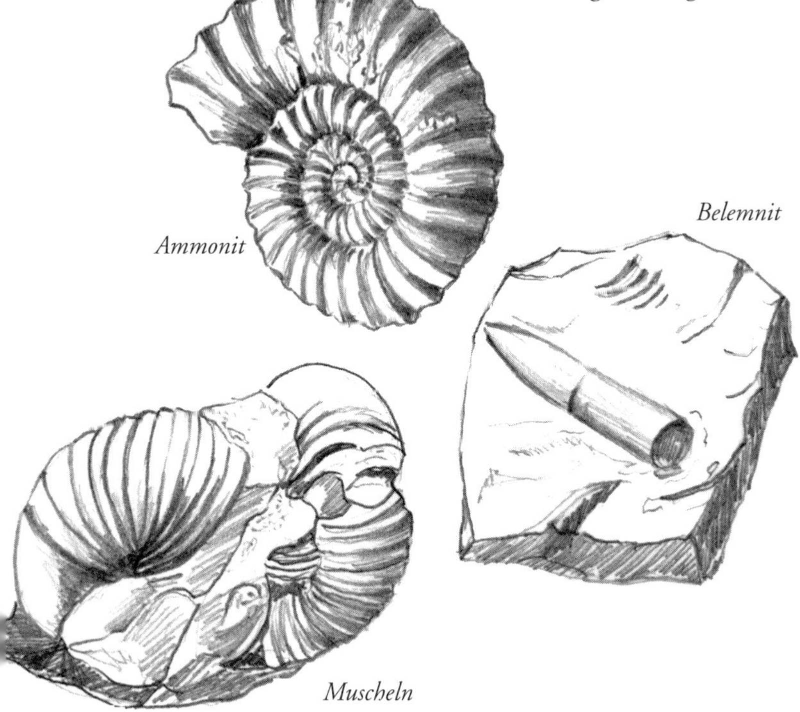

Versteinerungen im Lägerenkalk

In der ersten Hälfte des 13. Jahrhunderts gründete Lütold V., der damals noch auf der Altburg am Chatzensee hauste, an der Handelsstrasse Zürich – Zurzach an ausgezeichneter Lage am Lägerensporn das Städtchen Regensberg. Wohl aus Liebe zu seiner aus Neuenburg stammenden Gemahlin hat er an höchster Stelle einen savoyischen Rundturm erstellen lassen, der in unseren Gegenden eine ausgesprochene Seltenheit war und heute das Wahrzeichen des Städtchens ist. Von der 21 m hohen Zinne aus geniesst man eine prächtige Rundsicht bis weit in den Alpenkranz. Auf der Suche nach Trinkwasser liess der Stadtgründer einen 57 m tiefen Sodbrunnen ausheben. Heute ermöglicht eine elektrische Beleuchtung den Blick in den schwindelerregenden Abgrund des Schachtes.
Später wurde die Herrschaft Regensberg an die Herzöge von Österreich-

Regensberg

Habsburg verkauft und gelangte im 15. Jahrhundert in den Besitz der Stadt Zürich, die einen Obervogt in Regensberg einsetzte. Die Landvogtei, die 13 Gemeinden im Glatt-, Furt- und Wehntal umfasste, blieb bis zum Untergang der alten Eidgenossenschaft im Jahre 1798 bestehen.

Das alte malerische Landstädtchen hat bis heute den einstigen Grundriss mit den drei Hauptteilen bewahrt: Schloss, Oberburg und Unterburg. Im Schloss betreut die private Stiftung «Schloss Regensberg» Jugendliche mit Schwierigkeiten im Lernen und im gemeinschaftlichen Verhalten. Von den geschmackvoll renovierten Häusern in der Oberburg sind besonders bemerkenswert das ehemalige Amtshaus, das heute das Ortsmuseum beherbergt, das Engelfridhaus, die Zehntenscheune, der Gasthof zur Krone, der früher Gemeinde- und Gesellenhaus war.

Der 11 km lange Bergrücken der Lägeren ist in der zürcherischen Landschaft etwas Fremdartiges, Einmaliges. Er ist der letzte Ausläufer des Faltenjuras. Infolge eines gewaltigen Zusammenschubes der noch weichen Erdrinde wurden die im einstigen Jurameer abgelagerten Kalkschichten zusammengepresst und als Gewölbe übereinandergeschoben. Heute sind von der Lägerenfalte durch die lange Verwitterungszeit nur noch die südlich ansteigenden Schichten (Lagen – Lägeren) durchgehend vorhanden. Als Versteinerungen sind die Gehäuseformen von urzeitlichen Meerestieren in verschiedenen Kalkschichten erhalten geblieben: schneckenförmige Ammoniten, Belemniten (Donnerkeile) und Muscheln. Die Felsfluren am stark besonnten Südhang sind von wärme- und kalkliebenden Pflanzen besiedelt, z. B. Sonnenröschen, Immenblatt, Berg-Täschelkraut, Graslilie und Feuerlilie. Die Hainbuchen, Linden und Eichen wachsen auf dem humusarmen Boden niedrig und krummstämmig. Eine reiche Tierwelt, darunter die seltene Mauereidechse und Schlingnatter, konnte am schlecht zugänglichen Südhang überleben.

Unser Weg führt auf guten Waldsträsschen gemächlich aufwärts zur *Lägeren Hochwacht* auf 856 m über Meer. Bevor wir hier im alten Bergwirtshaus unsern Durst stillen, begeben wir uns auf die neu erstellte Aussichtskanzel vor der weissen Pyramide des alten Vermessungspunktes. Überwältigt blicken wir südwärts übers Mittelland auf Zürich, den Zürichsee und den grandiosen Wall der Alpenkette vom Säntis zum Glärnisch, Tödi, Titlis bis zum Finsteraarhorn. Eine Panoramatafel nennt uns die Namen der unzähligen Gipfel.

Die Hochwachten dienten im 17. Jahrhundert dem militärischen Alarmsystem. Die Wacht auf der Lägeren war ein besonders wichtiger Eckpunkt für die vielen Sichtverbindungen, sogar über das Kantonsgebiet hinaus. Alarmiert wurde am Tag mit Rauch, nachts mit Feuer, und bei Nebel unterstützten Mörserschüsse und Glockenschläge die Signale. Im Gebiet unseres Wanderbüchleins gab es solche Hochwachten auch auf der Egg ob Stadel, dem Rhinsberg, dem Irchel und dem Stammerberg. In der heutigen Zeit werden diese Standorte auf aussichtsreichen Höhen wieder gebraucht für die moderne Fernmeldetechnik. Weitherum sichtbar ist der Betonturm unweit des Berggasthauses mit der dunklen Kugelkuppe, der Radaranlage des Flugsicherheitsdienstes in Kloten.

Von der Hochwacht zweigt nach rechts Route 9 über die Lägerenweid nach Niederweningen ab. Unser Weg führt auf dem Grat weiter, an den geschickt im Wald versteckten Telefonie-Sendern vorbei zur Burgruine *Alt-Lägeren.*

Die Burg wurde 1244 auf dem höchsten Punkt des Grates (866m) von den Freiherren von Regensberg erbaut, aber bereits vor 1300, wahrscheinlich in den sogenannten Regensberger Fehden, zerstört.

An unserem Weg, der meistens 1–2 m links der eigentlichen Gratlinie verläuft, entdecken wir eine reiche Flora und ab und zu eine Eidechse, die sich auf dem warmen Kalkfelsen sonnt.

Auf freiem Felskopf beim Burghorn geniessen wir erneut eine seltene Rundsicht nach allen Himmelsrichtungen, von den Alpen im Süden bis zum Schwarzwald und dem Hegau im Norden. Zu unseren Füssen liegt das Wehntal mit den Dörfern Nieder- und Oberweningen und Schöfflisdorf.

Nun folgt ein kurzer, steiler Abstieg, und noch bevor wir den Lägerensattel erreichen, zweigt nach rechts die Route 10 zu den *Gipsgruben von Oberehrendingen* ab. Im Lägerensattel, immer noch auf 785 m Höhe, bieten sich zwei gelb markierte Abstiegsrouten nach Baden an:

1. Wem der zerklüftete Lägerengratweg etwas zu anstrengend geworden ist, wählt hier den Weg nach rechts über «Sunneberg – Schartenfels – Baden», der in sanfter Neigung, allerdings ohne Aussicht, abwärtsführt. Bei der grossen Kehre können wir über eine Treppe zum Schloss Schartenfels aufsteigen oder weiter abwärts nach dem Restaurant Schützenhaus durch Quartierstrassen von Ennetbaden zu den altbekannten Badehotels und am Kurpark vorbei zum Bahnhof von *Baden* gelangen.

2. Den geübten, trittsicheren Bergwanderer führt der Wegweiser auf dem Lägerensattel mit dem Hinweis «**Vorsicht Felsgrat!**» zum anspruchvollsten Teil des Gratweges. Er verläuft auf den Schichtköpfen der steil nach Süden abfallenden Kalkplatten. Aeusserste Vorsicht und gutes Schuhwerk sind dringend empfohlen!

Bei genauerem Hinschauen entdecken wir dem Lägerengrat entlang eine reichhaltige Pflanzenwelt. Damit diese biologische Vielfalt an den extremen Standorten erhalten bleiben kann, muss der Wald immer wieder stark gelichtet werden.

Die begeisternde Schlusszene unserer anspruchsvollen Wanderung erleben wir beim Waldaustritt auf der Terrasse des Restaurants «Schloss Schartenfels», wo wir uns eine wohlverdiente Stärkung gönnen. Zu unseren Füssen dehnen sich an den Limmatschleifen Wettingen und die alte Bäderstadt Baden aus. Vom Schloss Schartenfels gelangen wir in 20 Min. über die alte, gedeckte Holzbrücke beim Landvogteischlösschen zum Bahnhof von *Baden.*

7

Dielsdorf
Burghof
Mötschen
Boppelsen
Otelfingen

Sonnige Halbtagswanderung über freies Feld und entlang ruhiger Waldränder am Fusse der Lägeren.

Hinweg	Route	Höhe	Rückweg
	Dielsdorf Station 🚂 🚌	428 m	2 Std.
35 Min.	Burghof	578 m	1 Std. 30 Min.
1 Std.	Mötschen	640 m	1 Std. 15 Min.
1 Std. 25 Min.	Boppelsen 🚌	516 m	40 Min.
1 Std. 50 Min.	Otelfingen Dorf 🚌	440 m	10 Min.
2 Std.	Otelfingen Station 🚂 🚌	427 m	

Hinfahrt:	Mit S-Bahn S5 nach Dielsdorf
Rückfahrt:	Mit S-Bahn S6 ab Otelfingen

Vom Bahnhof in *Dielsdorf* folgen wir dem gelben Wegweiser «Burghof – Boppelsen» die breite Bahnhofstrasse hinauf zum Gasthaus «Sonne», wo uns das hübsche Wirtshausschild entgegen leuchtet. Schön renovierte Riegelbauten schmücken den Dorfkern. Nach der Strassenkreuzung streben wir bergwärts am ehemaligen Bezirksspital vorbei durch neuere Wohnquartiere. Mit jedem Schritt weitet sich bald die Sicht, links ins Glatttal hinunter und rechts zum Städtchen Regensberg hinauf.

Vor dem Burghof, der Pestalozzi – Jugendstätte mit Lehrwerkstätten der Stadt Zürich, steigen wir nach rechts zum Waldrand hinauf. Im Waldesinnern überrascht uns an einem kleinen Waldweiher ein neu gestalteter, grosszügiger Rastplatz mit Ruhebänken, Tischen, Brunnen und Feuerstellen.

Durch hochstämmigen Mischwald steigt unser Weg leicht an bis *Mötschen* an der sonntags stark befahrenen Durchgangsstrasse Regensberg – Boppelsen. Nach der Fahrstrasse kreuzt die Route 9 von Buchs herauf unseren Weg. Die alte Strasse, ein Hohlweg, führt uns zur *Boppelser Weid.*

Die Boppelser Weid ist seit 1988 geschützt und gehört zu den intaktesten und artenreichsten Hangriedlandschaften im Kanton Zürich. In neuerer Zeit zählte man 250 Pflanzen- und 28 Schmetterlingsarten.

Der Waldrandweg führt oberhalb des einstigen Rebberges, der heute vollständig überbaut ist, direkt ins Dörfchen *Boppelsen*, das in einer Talmulde des Lägerenhanges eingebettet ist. Der halbstündige Abstieg nach Otelfingen ist in Route 8 genau beschrieben.

Mühle in Otelfingen

8

Dielsdorf
Regensberg
Baderweg
Boppelsen
Otelfingen

Lohnende Wanderung mit steilem Aufstieg zur «Perle des Zürcher Unterlandes», dem Städtchen Regensberg und gemütlicher Abstieg durch Wälder und Felder ins Furttal.

Hinweg	Route	Höhe	Rückweg
	Dielsdorf Bahnhof 🚂 🚌	428 m	2 Std. 25 Min.
40 Min.	Regensberg 🚌	597 m	1 Std. 55 Min.
1 Std. 40 Min.	Boppelsen 🚌	516 m	45 Min.
2 Std. 05 Min.	Otelfingen Dorf 🚌	440 m	15 Min.
2 Std. 20 Min.	Otelfingen Station 🚂 🚌	427 m	

Hinfahrt:	Mit S-Bahn S5 nach Dielsdorf
Rückfahrt:	Mit S-Bahn S6 ab Otelfingen

Der Aufstieg von Dielsdorf nach Regensberg und heimatkundliche Angaben beider Orte sind in Route 6 ausführlich beschrieben. Wer die Wanderzeit noch um 40 Min. kürzen oder den steilen Aufstieg meiden will, benützt vom Bahnhof Dielsdorf aus den ZVV Bus 593 für die Fahrt nach Regensberg.

Von *Regensberg* aus achten wir auf die Wanderwegweiser «Boppelsen – Otelfingen» und erreichen bald leicht ansteigend den Waldrand. Der *Baderweg,* eine Kürzung der früheren Bezeichnung Badenerweg, führt heute als gepflegte Waldstrasse fast eben durch den Wald zu einer Wegspinne. Hier kreuzt Route 9 von Buchs her unsern Weg. Wir schwenken halbrechts auf den noch ursprünglichen Waldpfad Richtung «Boppelsen» ein und befinden uns nach etwa 5 Min. wieder auf einer breiten Waldstrasse. Diese zieht in einer Kurve in ein Wiesentälchen abwärts. Vor uns liegt nun in einer Hangmulde in Moränenhügeln eingebettet das Dörfchen *Boppelsen.*

Wir erreichen zwischen den blumengeschmückten Riegelhäusern im Hinterdorf und neuen Eigenheimen hindurch die Hauptstrasse, von der wir bald darauf nach links in ein Wäldchen abbiegen. An einem Feuerplatz beim Waldaustritt blicken wir ins Furttal hinunter: Vor uns unser Wanderziel Otelfingen, am Fuss des Altberges Hüttikon, in der Ebene bei der Mündung des Furttales ins Limmattal Würenlos und am Horizont dahinter der Heitersberg. Den gelben Rhomben nach steigen wir ins Dorf *Otelfingen* ab zur Untermühle mit ihrem charakteristischen Treppengiebel. Nun folgen wir dem Dorfbach an stattlichen Riegelbauten vorbei zur Badenerstrasse und weiter zur Station *Otelfingen.*

Auf dem Dorfplatz von «Boplisse», wie das Dorf in der Mundart genannt wird, steht das schmucke, ehemalige Schulhäuschen aus dem Jahre 1817, wo der Autor dieses Wanderbuches einst in der Gesamtschule 1.–6. Kl. seine ersten Erfahrungen im Lehramt gesammelt hat. Im schlanken Türmchen hängt eine Glocke aus dem 15. Jahrhundert. Mit der Zeit wurde wegen des unaufhaltsamen Neusiedlerzuzuges der Bau eines grösseren Schulhauses nötig. Seit der Einweihung desselben im Jahre 1965 dient nun das einstige, hübsche Schulhäuschen als Gemeindehaus. Viele der alten Fachwerkbauten des einst reinen Bauerndorfes sind heute zu schön renovierten Wohnhäusern umgebaut worden.

Altes Schulhäuschen in Boppelsen

9

Buchs Mötschen Lägeren Hochwacht Lägerenweid Niederweningen

Die lohnende Wanderung führt durch schattige Wälder vom Furttal aus ansteigend über den Aussichtspunkt Lägeren Hochwacht hinunter ins Wehntal.

Hinweg	Route	Höhe	Rückweg
	Buchs-Dällikon Station 🚆 🚌	424 m	3 Std.
10 Min.	Buchs Dorf 🚌	442 m	2 Std. 55 Min.
50 Min.	Mötschen	640 m	2 Std. 30 Min.
1 Std. 50 Min.	Lägeren Hochwacht	856 m	1 Std. 45 Min.
2 Std. 05 Min.	Lägerenweid	760 m	1 Std. 25 Min.
3 Std. 10 Min.	Niederweningen 🚆 🚌	457 m	

Hinfahrt:	Mit der S-Bahn S6 nach Buchs
Rückfahrt:	Mit der S-Bahn S5 ab Niederweningen

Auf markierten Nebenstrassen gelangen wir von der Station *Buchs-Dällikon* aus zur Badenerstrasse, wo uns eine Unterführung gefahrlos in den älteren Dorfteil von Buchs leitet. Rechter Hand ragt der Kirchturm über die Dächer des schönen Dorfkerns mit malerischen Riegelhäusern bei der renovierten Mühle. Die gelben Wanderwege «Lägeren Hochwacht» leiten uns weiter hinauf zum ehemaligen Trassee der stillgelegten Nordostbahnlinie (Otelfingen – Niederglatt), das hier zur Strasse umgewandelt wurde. An der Schulanlage und den letzten kleinen Rebbergen vorbei erreichen wir den Waldrand. Nach einem Blick zurück über die Dächer von Buchs und das Furttal nimmt uns ein prächtiger Laubwald auf, im Frühling mit seinem jungen, zarten Grün, im Herbst mit goldener Farbenpracht.

Beim Bauernhof *Mötschen* folgen wir ca. 50 m nach links der Verbindungsstrasse Regensberg – Boppelsen, überqueren sie vorsichtig und steigen über einen Treppenweg wieder aufwärts durch den Wald. In *Mötschen* queren wir die Route 7, die von Regensberg her kommt.

Unser Weg zur Hochwacht steigt weiter an, einer Geländekante entlang, an einem gemütlichen Rastplatz mit massiver Holzbank und Tisch vorbei zur Wegspinne im Bildstock. Hier treffen wir auf Route 8, den sogenannten Baderweg. Wir biegen bergwärts in die breite Fahrstrasse ein, die uns zum Grat hinaufführt, wo wir (wie Route 6) nach 1 km die *Lägeren Hochwacht* erreichen. (Näheres s. Route 6)

Nachdem wir auf der Aussichtskanzel die fantastische Rundsicht bis zum Alpenkranz gebührend bewundert haben, beginnt für uns der Abstieg. Der Wanderweg «Lägerenweid – Niederweningen» weist uns gleich nach der Hochwacht vom Gratweg nach rechts hinunter auf ein schmales, wunderschönes Naturweglein, das auf eine Güterstrasse mündet, der wir längs des Waldrandes folgen. Dabei schweift unser Blick ins Wehntal mit den Dörfern Schöfflisdorf, Ober- und Niederweningen, über die Wälder der Egg bis hin zum Schwarzwald und zu den Vulkankegeln des Hegaus am Horizont.

Der Hof *Lägerenweid*, dessen 32 ha Weideland sich vor uns ausdehnen, vermag 70 Stück Vieh zu sömmern. Für den Naturfreund beglückend sind die vielen Hecken, die früher als Grünhäge Grundstück- und Weidegrenzen bildeten.

Beim Haselacher weist uns ein Wegweiser nach rechts in einen gebüschumsäumten Hohlweg hinab. Die gelben Rhomben leiten uns durch einen im Frühling mit Bärlauch übersäten Wald zum Hof Stüdlen, wo wir in einer grossen Kehre über offenes Weideland ins Tobel des Sengelenbaches absteigen. Am Ende des Tobels lädt uns das grosszügig neu gestaltete Schwimmbad von Niederweningen mit zwei Schwimmbecken, spiralförmiger Rutschbahn, Liegewiesen und Restaurant zu einer Erfrischung ein.

Die asphaltierte Dorfstrasse führt uns zum Restaurant «zum Weissen Kreuz». Hier könnten wir geradeaus auf markierten Quartiersträsschen zur Bahn-Haltestelle *Niederweningen Dorf* weitergehen.

Beim Bau der einstigen Endstation der Wehntalbahn – heute befindet sich der Kopfbahnhof 1 km westlich davon – fand man in Kies- und Lehmschichten die Knochenreste von mehreren Mammuts, wovon ein 3 m hohes Skelett im Zoologischen Museum der Universität Zürich zu bewundern ist.

Lohnender als der direkte Weg zur Haltestelle ist der markierte Abstecher nach links, zwischen schönen Riegelhäusern hindurch zur reformierten Kirche hinauf, von wo wir die prächtige Sicht über den Friedhof hinweg, das Wehntal hinauf und über die Nordflanke der Lägeren geniessen.

Bereits zu alemannischer Zeit befand sich auf dem Kirchhügel eine Kultstätte, und schon 1145 wurde die erste Kirche erwähnt, die dem Kloster Allerheiligen in Schaffhausen gehörte. Der heutige Kirchturm mit seinem steilen, grünen Kupferdach wurde 1811 nach dem Vorbild des Fraumünsters in Zürich erbaut.

Von der Kirche aus erreichen wir, am Pfarrhaus vorbei, in einer guten Viertelstunde das Fabrikareal der Firma Bucher – Guyer AG und die Endstaion der Wehntalbahn in *Niederweningen.*

Die Maschinenfabrik Bucher – Guyer entwickelte sich von der einfachen Schmiedewerkstatt um 1540 zu einem weltbekannten Industrieunternehmen, das heute Maschinen für die Land- und Kommunaltechnik baut. Einst bestanden Pläne, die knapp vor der Jahrhundertwende erbaute Eisenbahnlinie durchs Surbtal bis nach Döttingen an der Aare weiterzuführen. Da der Endausbau aus verschiedenen Gründen ins Stocken geriet, liess Jean Bucher 1938 die Geleise um 1 km bis zu seiner Fabrik verlängern, baute den Bahnhof selber und schenkte ihn der SBB. Der Rest des Bahnprojektes blieb bis heute auf dem Papier.

Vierblättrige Einbeere. Giftig!

10

Otelfingen
Burghorn
Bergwisen
Oberehrendingen

Waldreicher, im letzten Stück steiler Aufstieg zum Burghorn, der Aussichtswarte auf dem Lägerenkamm. Der direkte Abstieg über die Nordflanke zu den Gipsgruben von Ehrendingen erfreut den Liebhaber natürlich erhaltener Landschaften.

Hinweg	Route	Höhe	Rückweg
	Otelfingen Station	427 m	3 Std.
15 Min.	Otelfingen Dorf	440 m	2 Std. 45 Min.
2 Std.	Burghorn	859 m	1 Std. 30 Min.
2 Std. 15 Min.	Bergwisen	694 m	1 Std. 30 Min.
3 Std. 15 Min.	Oberehrendingen	465 m	

Hinfahrt:	Mit der S-Bahn S6 bis Otelfingen
Rückfahrt:	Mit Postauto Kurs 52/53/54–710.20 nach den Bahnhöfen von Baden oder Niederweningen

Von der Station *Otelfingen* aus folgen wir dem Wanderwegweiser «Lägeren Hochwacht» dem Bach entlang und gelangen beim «Höfli» zur Badenerstrasse.

Gleich gegenüber steht das unter Heimatschutz stehende «Hochstudhaus» aus dem 15. Jahrhundert. Bei dieser altalemannischen Konstruktion wird der First von «Hochstüden» getragen, mächtigen Baumstämmen, die durch das ganze, einst strohbedeckte Haus bis in den Keller hinunterreichen und in diesem Beispiel eine Länge von rund 12m aufweisen.

Wir überqueren die verkehrsreiche Badenerstrasse und wandern staunend dem offenen Dorfbach nach durch das an stattlichen Riegelbauten reiche Dorf Otelfingen.

Der ganze, sehr gut erhaltene Dorfkern steht unter kantonalem Schutz. Die markanteste Häusergruppe am Dorfbach steht bei der Untermühle mit ihrem charakteristischen Treppengiebel, ein stolzer Bau aus dem Jahre 1598. Gegenüber steht das ehemalige Amtshaus aus der Landvogteizeit mit der Wirtschaft «zur Herrenstube», an deren Fassade ein Ratsherr und der Spruch «Bien Venus Messieurs» gemalt ist. Ebenfalls zur Gebäudegruppe gehört das Haus der ehemaligen Brauerei Schibli, die bis 1915 ein gutes Bier ins Furt- und Wehntal lieferte. Die reformierte Kirche wurde 1607 errichtet und später durch einen Kirchturm mit etwas stilwidrigem Glockenhelm, nach dem Vorbild des Zürcher Grossmünsters, bereichert.

Unser Weg führt aus dem Dorf Otelfingen hinaus, den Hang hinauf, an einem letzten Rebberg der einst grossen, reichen Rebbaugemeinde vorbei zum Waldrand. Bald darauf entdecken wir links neben dem Strässchen das Eingangstor des verlassenen Brauereikellers, der in den Sandstein gehauen worden ist. Durch schönes Wiesland, am Schützenstand vorbei, steigen wir weiter in den Lägerenwald hinein.

Ein Waldsträsschen führt uns in gleichmässiger Steigung hinauf zu einer Weggabelung im Eggetsacher.

Hier könnten wir nach rechts auf dem sogenannten «Ballonweg», der später etwas steinig wird und am Fuss einer Felswand in Stufen angelegt die Höhe zum Grat überwindet, zur *Lägeren Hochwacht* gelangen. Über den Gratweg, wie in Route 6 beschrieben, erreicht man dann in einer zusätzlichen Stunde ebenfalls das *Burghorn.*

– Wir wählen den Weg links, entsprechend dem Wegweiser «Burghorn», das wir auf direktem Weg in einer knappen Stunde besteigen. Auf einem wunderschönen, schmalen Weglein treffen wir auf einen alten Markstein aus dem Jahre 1642. Er stammt aus der Zeit als hier die Grafschaft Baden mit der Landvogtei Regensberg zusammenstiess. Ein Waldsträsschen führt durch ein altes Bergsturzgebiet zu einem gelben Wegweiser auf 690 m Höhe mit der Bezeichnung «Alte Waldpartie».

Tatsächlich glaubt man sich hier in einen unberührten Urwald versetzt mit umgestürzten, vermoderten Bäumen, die vollkommen mit Moos überdeckt sind. Hier steigen die Kalkgesteine der Lägeren aus den Molasseschichten und dem Moränenschutt heraus; der Tannenwald wechselt in reine Buchen- und Bergahornbestände, denen später noch Stauden und Buschwald beigemischt sind.

In einer halben Stunde erreichen wir auf einem steilen Zickzackweg das *Burghorn*, die waldfreie Felskuppe, die uns nach Süden und nach Norden ein gewaltiges Panorama bietet.

Ein kurzer, steiler Abstieg vom Burghorn bringt uns zum Wegweiser «Bergwisen – Oberehrendingen». Wir verlassen diesem Wegweiser nach den Gratweg nach rechts. Ein schmales Weglein mit weichem Buchenlaubpolster führt uns über die Nordflanke der Lägeren im Wald abwärts. Wir treten bei *Bergwisen* aus dem Wald und biegen vor dem Steinhof, einem Biohof in urtümlicher Busch- und Heckenlandschaft, nach links ab. Bald treffen wir am Waldrand auf einen Rastplatz bei einem längst aufgegebenen Steinbruch der *Oberehrendinger Gipsgruben.*

Hier im Hügelzug des Steinbucks stehen die Juraschichten als nördlicher Teil der gewaltigen Lägerenfalte fast senkrecht. Noch ist ein Stollen sichtbar, in dem Gips abgebaut worden ist. Eindrücklicher kann man das Gewölbe der Jurafaltung in der Gipsgrube erkennen, die in der Geländemulde etwa 700 m südlich unseres Standortes liegt. Bis 1901 wurde hier Gips abgebaut und in der nahen Fabrik, von der nur noch ein Gebäude erhalten geblieben ist, zu Zement und Dünger verarbeitet.

Unser Weg führt um den Hügel herum über Weideland hinunter nach *Oberehrendingen.* Ein Fussweg dem Bach entlang, an der Schulhausanlage und später der prachtvollen Häusergruppe bei der Kirche vorbei, führt den gelben Rhomben nach zur Postauto-Haltestelle an der Umfahrungsstrasse.

Mauereidechse an der Lägeren

11

Dielsdorf
Regensberg
Lägerenalp
Oberweningen

Aufstieg zum mittelalterlichen Städtchen Regensberg. Anschliessend führt eine wenig begangene Route gemütlich durch ruhige Wälder und Wiesen am Nordhang der Lägeren hinunter ins Wehntal.

Hinweg	Route	Höhe	Rückweg
	Dielsdorf 🚆 🚌	428 m	2 Std. 20 Min.
40 Min.	Regensberg 🚌	597 m	1 Std. 50 Min.
1 Std. 30 Min.	Lägerenalp	720 m	1 Std. 10 Min.
2 Std.	Schleinikon 🚌	472 m	25 Min.
2 Std. 25 Min.	Oberweningen Station 🚆 🚌	461 m	

Hinweg:	Mit S-Bahn S5 bis Dielsdorf, ev. mit VVZ-Bus Linie 593 nach Regensberg
Rückweg:	Mit S-Bahn S5 ab Station Schöfflisdorf-Oberweningen

Die Wegstrecke *Dielsdorf – Regensberg* ist in Route 6 genau beschrieben. Wer den eher steilen Aufstieg ins Städtchen meiden will, fährt mit dem VVZ-Bus, Linie 593, vom Bahnhof Dielsdorf nach Regensberg.

An der Strassenkreuzung gegenüber dem Gasthaus «Löwen» finden wir die gelben Wanderwegtafeln. Wir wählen die Route «Lägerenweid – nächste Strasse rechts». Direkt bei der Post führt nach rechts die Bannstrasse zuerst durch ein kleines Wohnquartier und anschliessend unter dem Blätterdach eines prachtvollen Laubwaldes zur offenen, langgestreckten Geländekammer der «Burgerwisen». Sie ist ein beliebter Äsungsplatz fürs Rehwild.

Nach einem kurzen Waldabschnitt geniessen wir unverhofft einen herrlichen Rundblick über die *Lägerenalp* hinweg. Vor uns liegt das Wehntal mit seinen schmucken Dörfern, dahinter dehnt sich der Höhenzug der Egg aus, und am Horizont erkennen wir den Schwarzwald. Links hinauf geht es zur *Lägerenweid.* Wir schwenken rechts ein, wo ein Flursträsschen zum Leibach und diesem entlang nach *Schleinikon* führt. Hier dürfen wir nicht versäumen, etwa 200 m dorfeinwärts, das hübsch renovierte «Zythüsli» zu bewundern.

Das Zythüsli, ein zierlicher Riegelbau aus dem 18. Jahrhundert, ist das Wahrzeichen von Schleinikon. Die Gemeinde mit ihren drei Dorfteilen Schleinikon, Dachsleren und Wasen konnte durch eine sorgfältige Ortsplanung den ländlichen Charakter bewahren. Schöne Riegelbauten, typische Dreisässenhäuser, schmücken das ehemalige Bauerndorf.

Die gelben Rhomben weisen uns in den Talboden zum noch jungen Flusslauf der Surb. Nach der Bahnüberführung zweigen wir rechts ab und erreichen durch eine kleine Gewerbezone die Station *Schöfflisdorf-Oberweningen.*

Blick vom Turm auf die Oberburg in Regensberg

12

Steinmaur
Ankenland
Chaltbrunn
Niederweningen

Angenehme, sonnige Wanderung dem Waldrand am Südhang der Egg entlang mit freiem Ausblick aufs fruchtbare Wehntal.

Hinweg	Route	Höhe	Rückweg
	Steinmaur Station 🚂 🚌	451 m	2 Std. 05 Min.
40 Min.	Ankenland	535 m	1 Std. 35 Min.
1 Std.	Chaltbrunn	541 m	1 Std. 15 Min.
2 Std. 10 Min.	Niederweningen 🚂 🚌	442 m	

Hinfahrt: Mit S-Bahn S5 bis Steinmaur
Rückfahrt: Mit S-Bahn S5 ab Niederweningen

Von der Station *Steinmaur* aus wählen wir den Wanderweg «Waldhusen – Kaiserstuhl», der uns unter der Bahnlinie durch, der Strasse entlang zur ehemaligen Mühle in *Nieder-Steinmaur* führt. Im rechten Winkel schwenkt hier ein asphaltiertes Fahrsträsschen ab, das uns in gemächlicher Steigung durch Wiesen und Felder zum einsamen Gehöft «Ankenland» am Waldrand weist.

Hier biegen wir, gemäss dem Wanderwegweiser «Niederweningen» nach Westen in unseren eigentlichen Höhenweg ein, der uns fast ebenaus oberhalb der Dörfer Schöfflisdorf und Oberweningen und unterhalb der ausgedehnten Laubwälder des parallel zum Wehntal verlaufenden Höhenzuges der *Egg* dahinschlendern lässt.

Vor uns liegt das Wehntal, eingebettet zwischen den Höhenzügen der Egg und der Lägeren, auf deren Ausläufer wir das Städtchen Regensberg erkennen. Unser Blick schweift weiter nach Osten ins ausgedehnte Glatttal hinein. Durch die Ortsgrenzen wird das rund 7 km lange Wehntal in schmale Streifen aufgeteilt, die sich vom Lägerenkamm zum breiten Rücken der Egg hinüberziehen. So hat jede Gemeinde gleichermassen Anteil am fruchtbaren Ackerland beidseits der Surb sowie am Weidegebiet an der Lägeren und am Wald auf der Egg.

Nach knapp 2 Stunden erreichen wir die ersten Häuser von *Niederweningen.* Auf einem Ruheplätzchen mit zwei Bänken schauen wir ein letztes Mal über das gepflegte Bauernland und entscheiden uns für einen der zwei möglichen kurzen Abstiege zur Bahn:

– In 10 Min. gelangen wir nach links zur Haltestelle *Niederweningen-Dorf.*

– In 15 Min. erreichen wir nach rechts die Station *Niederweningen,* den Kopfbahnhof der Wehntalbahn bei der grossen Maschinenfabrik Bucher – Guyer.

(Heimatkundliches über Niederweningen siehe Route 9)

Lass Deine Augen offen sein,
Geschlossen Deinen Mund
Und wandre still,
So werden Dir
Geheime Dinge kund.

H. Löns

Eierschwämme

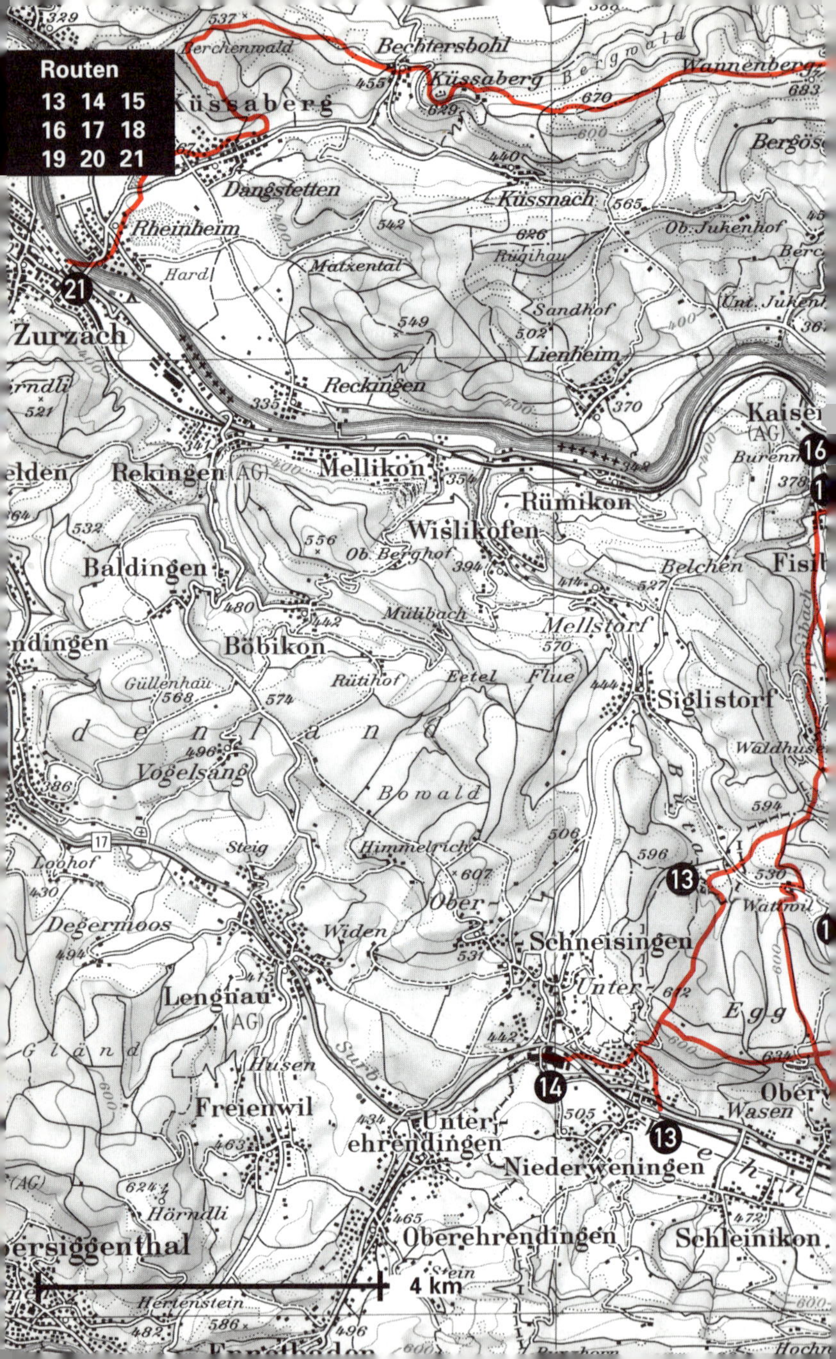
Routen
13 14 15
16 17 18
19 20 21
Berchenwald
Bechtersbohl
Bergwald
Wannenberg
Küssaberg
Bergöschingen
Dangstetten
Küssnach
Ob. Jukenhof
Rheinheim
Rügihau
Matzental
Hard
Sandhof
Unt. Jukenhof
Zurzach
Lienheim
Reckingen
Kaiserstuhl
(AG)
Burenm
Rekingen (AG)
Mellikon
Rümikon
Wislikofen
Ob. Berghof
Belchen
Baldingen
Mülibach
Mellstorf
Böbikon
Rütihof
Eetel
Flue
Siglistorf
Güllenhau
Waldhusen
Vogelsang
Bowald
Steig
Himmelrich
Loohof
Ober-
Wattwil
Degermoos
Widen
Schneisingen
Lengnau
(AG)
Unter-
Egg
Husen
Surb
Freienwil
Unter-
ehrendingen
Wasen
Niederweningen
(AG)
Hörndli
Oberehrendingen
Schleinikon
Stein
4 km
Hertenstein

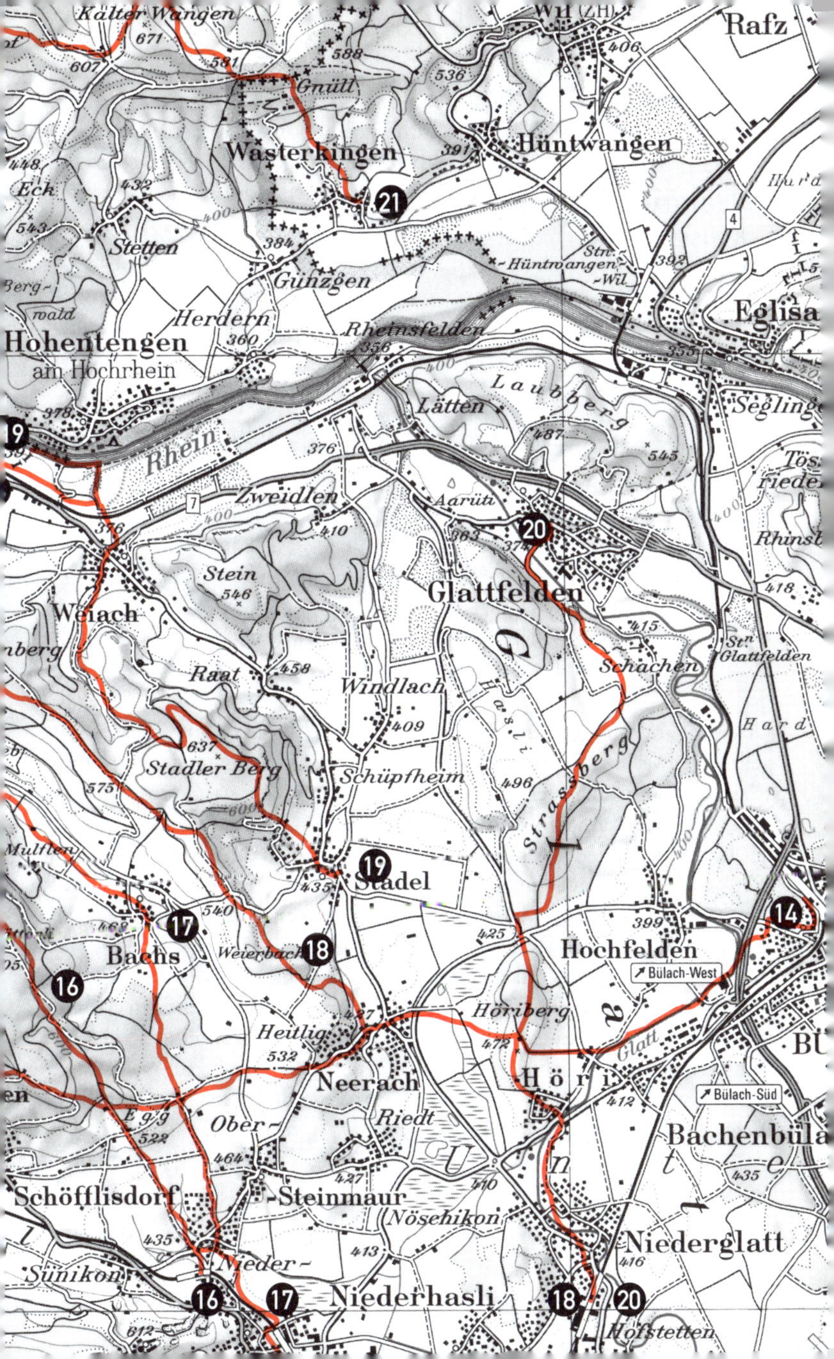

Kalter Wangen
Rafz
Gnüll
Hüntwangen
Wasterkingen
21
Eck
Stetten
Günzgen
Stn Hüntwangen-Wil
Eglisau
Herdern
Hohentengen
am Hochrhein
Rheinsfelden
Laubberg
Lätten
Seglingen
Rhein
Zweidlen
Aarüti
20
Stein
Glattfelden
Weiach
Raat
Windlach
Schachen
Stn Glattfelden
Stadler Berg
Schüpfheim
Strassberg
Hard
19
Stadel
Hochfelden
14
Bülach-West
17
Bachs
Weierbach
18
16
Höriberg
Heitlig
Neerach
Höri
Bülach-Süd
Egg
Ober-
Riedt
Bachenbülach
Schöfflisdorf
Steinmaur
Nösehikon
Niederglatt
Sünikon
Nieder-
Niederhasli
Hofstetten

13

Niederweningen
Spaltenflue
Waldhusen
Kaiserstuhl

Ruhige, erholsame Wanderung durch hochstämmigen Mischwald auf den Tafelbergen der Egg – auch an heissen Tagen ein Genuss!

Hinweg	Route	Höhe	Rückweg
	Niederweningen Dorf 🚂	451 m	2 Std. 35 Min.
50 Min.	Spaltenflue	560 m	1 Std. 55 Min.
1 Std.	Rütihof	502 m	1 Std. 40 Min.
1 Std. 35 Min.	Waldhusen	496 m	1 Std. 05 Min.
2 Std. 15 Min.	Fisibach 🚌	378 m	20 Min.
2 Std. 35 Min.	Kaiserstuhl 🚂 🚌	368 m	

Hinfahrt:	Mit S-Bahn S5 bis Niederweningen Dorf
Rückfahrt:	Mit S-Bahn S41 oder Bus ZVV Linie 515 nach Bülach oder mit Bus Linie 56 nach Niederweningen zurück

Unsere Wanderung beginnt bei der Haltestelle *Niederweningen Dorf.* Der gelbe Wegweiser «Spaltenflue – Kaiserstuhl» führt uns über die Hauptstrasse und die kanalisierte Surb ins Dorf. Unser Weg steigt etwas steil an durch ein neues Eigenheimquartier. Mit der Vogelackerstrasse stösst von der Endstation Niederweningen her die Route 14 zu uns, die sich unserem Weg zum Waldrand hinauf anschliesst. Vor dem letzten Bauernhof schwenken wir in den Wald ein, und stetig ansteigend erreichen wir den höchsten Punkt (612m) unserer Wanderung.

Hier auf dem Plateau der Egg zweigt nach rechts die Route 14 Niederweningen – Bülach ab. Weiter gehts nordwärts durch prächtigen Mischwald mit starken Tannenhochstämmen, oft begleitet von einem vielfältigen, melodischen Vogelkonzert. Wir verlassen später die breite Waldstrasse auf einem schmalen, stellenweise feuchten Weg und treffen auf den gelben Wegweiser, der uns links hinauf zur *Spaltenflue* weist.

Die Spaltenflue ist ein wildes Absturzgebiet von 20–30 m hohen Nagelfluhbänken mit wirr durcheinander liegenden, moosüberwucherten Blöcken und geheimnisvollen Höhlen im Deckenschotter. Der fünfminütige Abstecher zur Spaltenflue lohnt sich vor allem für die kletterfreudige Jungmannschaft.

Kurz nachher achten wir darauf, dass wir in der Mulde eines sprudelnden Bächleins das «Silberbrünneli» nicht verpassen. Es ist ein altes, kleines, vermoostes «Brünneli», aus einem Stein gehauen, das uns in seiner eigenen Art ins Märchenland versetzt.

Unser Weg steigt nun wieder kurz an und trifft auf ein Waldsträsschen, das uns nach rechts aus dem Wald ins sonnige Butälchen zum *Rütihof* führt.

Der Rütihof, der zur aargauischen Gemeinde Siglistorf gehört, wurde erst 1946 angelegt, nachdem das zum grössten Teil versumpfte Butälchen melioriert worden war.

Der Wanderweg quert das Butälchen und steigt wieder in den Wald der Kantonsgrenze nach, wo auf 594 m Höhe ein Grenzstein aus dem Jahre 1860 steht. Hier trifft von rechts die Route 15 von Oberweningen auf unseren Weg. Oberhalb Rüebisberg bewundern wir die Aussicht übers untere Bachsertal zu den bewaldeten Höhenzügen jenseits des Rheins und zur markanten Fluh des Sanzenberges hinüber.

Kurz vor dem malerischen Weiler *Waldhusen* vereinigt sich die Route 15 mit der unsrigen, die ebenfalls nach Kaiserstuhl führt. Von der gerodeten Geländeterrasse aus senkt sich der Wanderweg im Wald abwärts bis zum Dörfchen *Fisibach.*

Noch vor 100 Jahren war Fisibach wegen seines Heilbades bekannt. Das wohltuende Wasser dieses Dörfchens, das in hölzerne Wannen geleitet wurde, soll gegen «Flechten, Nervenschwäche, Rheumatismen und Gichtleiden» wirksam gewesen sein.

Von Fisibach aus erreichen wir, neben den Fahrstrassen, den gelben Rhomben nach in einer Viertelstunde unser Ziel, die Station *Kaiserstuhl.* Eine Besichtigung der kleinsten Schweizer Stadt an steiler Halde des Rheins lohnt sich.

Waldhusen

14

Niederweningen
Egg
Neerach
Höriberg
Bülach

Eine genussreiche Wanderung durch den grössten Wald des Kantons, später über offenes Gelände der kanalisierten Glatt entlang zum Bezirkshauptort Bülach.

Hinweg	Route	Höhe	Rückweg
	Niederweningen Station	442 m	4 Std.
1 Std.	Oberweniger Platten	634 m	3 Std. 10 Min.
2 Std. 25 Min.	Neerach	427 m	1 Std. 30 Min.
3 Std.	Höriberg	472 m	1 Std.
4 Std.	Bülach Bahnhof	427 m	

Hinfahrt:	Mit S-Bahn S5 bis Niederweningen Endstation
Rückfahrt:	Mit S-Bahn S5 oder Schnellzügen ab Bülach

Gegenüber der Station *Niederweningen* beginnt unsere Wanderung den Urblig-Steig hinauf. Auf den gelben Wegweisern ist bereits unser Fernziel Bülach angegeben. Durch ein Einfamilienhausquartier steigen wir höher, bis wir auf Route 13 stossen, die von der Haltestelle Dorf heraufkommt. Beide Routen führen zum Waldrand hinauf, vor dem letzten Bauernhof in den Wald hinein und dann auf die Höhe des Plateaus. Hier trennen sich die Wege: Nach Kaiserstuhl gehts geradeaus, wir aber schwenken nach rechts ein und folgen einem guten Waldweg über die Hochfläche der *Egg*.

Schon bald treffen wir auf einen ersten schönen Rastplatz zwischen eindrücklichen Hochstammbäumen auf ungewohnt grasgrünem Waldboden. Bei den *Schliniker Platten* lädt uns eine grosse Schutzhütte mit Feuerstelle, Tischen und Ruhebänken erneut zum Verweilen ein. Wer das Erlebnis eines eindrucksvollen, einsamen Waldes sucht, wird hier mit hellwachen Sinnen die Gegend geniessen.

Im Weiterschlendern erreichen wir die *Oberweniger Platten*, wo wir die Route 15 Oberweningen – Kaiserstuhl kreuzen. Die gepflegte Waldstrasse führt weiter am höchsten Punkt der flachen Egg (670 m) vorbei zum grossen, schattigen Ruheplatz auf den *Schöfflisdorfer Platten.* Feuerstelle, massive Holzbänke und -tische, ein Brunnen mit Trinkwasser und viel Platz zum Spielen erfreuen vor allem Familien mit Kindern.

Immer wieder staunen wir in die Wipfel von gewaltigen Baumriesen hinauf, die oft einen Stammumfang von rund 3 m aufweisen. Ein alter, meist nasser Hohlweg führt uns hinunter zur Route 16, die von Steinmaur über den Hof Ankenland aufsteigt.

Bei der Häusergruppe «Altloch» kreuzen wir die Route 17, die dem Bachsertal zustrebt. Hier verlassen wir den schattigen Wald und beginnen den zweiten, sonnigeren Teil unserer Wanderung über offene Wiesen, Felder und durch Dörfer. Dem Waldrand entlang erreichen wir die Verbindungsstrasse Steinmaur – Bachs, wo sich die Bus-Haltestelle Heitlig (Linie 535) befindet. Der kleine Buckel des Heitlig beschert uns einen wunderbaren Blick übers Glatttal, die Dörfer des Wehntals und die den Lägerengrat abschliessende Silhouette des Städtchens Regensberg. Auf der Alten Badenerstrasse durchqueren wir *Neerach.* (Heimatkundliches siehe Route 18)

Der Wanderweg führt an schönen Riegelhäusern und dem alten Schulhäuschen mit dem hohen Zeittürmchen vorbei. Beim historischen Cavalierenhof, so benannt, weil seine Besitzer im 17./18. Jahrhundert im Kriegsfall Pferde und Reiter zu stellen hatten, verlassen wir das Dorf und durchqueren die Senke von Neerach.

Feuerstelle

Die Senke Neerach-Stadel entstand nach dem Rückzug eines Linthgletscherarmes in der letzten Eiszeit. Die sich auf der lehmigen Grundmoräne gebildeten Flachseen verlandeten mit der Zeit und entwickelten sich zu Flachmooren. Das Neeracher Ried, arg bedrängt durch Landwirtschaft und Strassenbau, wurde erst 1956 vom Regierungsrat unter Schutz gestellt. Es ist eines der grössten erhaltenen Flachmoore der Schweiz und ein Wasservogelreservat von nationaler Bedeutung.

Auf der gegenüberliegenden Seite der Senke steigen wir durch den Wald hoch auf den *Höriberg,* wohl einer der schönsten Aussichtspunkte im Unterland. Eine Panoramatafel orientiert uns über die Namen der Berge des Alpenkranzes vom Säntis im Osten über Glärnisch, Tödi, Titlis bis hin zu Eiger, Mönch und Jungfrau im Westen. Nicht umsonst lockt der grosszügig ausgebaute Picknick-Platz mit vielen Spielgeräten für die Kinder Besucher von nah und fern an. Auch ein Brunnen und eine WC-Anlage fehlen nicht. Dank den spannenden Unterhaltungsmöglichkeiten auf diesem Rastplatz stört uns der Fluglärm kaum. Die Route 19 Niederglatt – Glattfelden führt ebenfalls an diesem beliebten Rastplatz vorbei.

Für uns folgt nun das letzte Teilstück der ausgedehnten Wanderung. Wir steigen nach *Niederhöri* zur Glatt hinab und schwenken vor der Brücke nach links auf den Glattuferweg ein. Dieser führt an den zerfallenen Fabrikgebäuden der ehemaligen Spinnerei Jakobstal vorbei zu den Sportanlagen Hirslen mit Hallen- und Freibad. Auf einem Waldweg hinter dem neuen Bezirksspital gelangen wir zum Bahnhof *Bülach.*

Blumen sind die schönen Worte und
Hiroglyphen der Natur, mit denen
sie uns andeutet, wie lieb
sie uns hat.

Goethe

15

Oberweningen Oberweninger Platten Wattwil Kaiserstuhl

Wunderschöne, waldreiche Wanderung vom Wehntal an den Rhein.

Hinweg	Route	Höhe	Rückweg
	Oberweningen Station	461 m	2 Std. 55 Min.
1 Std. 15 Min.	Wattwil	530 m	1 Std. 45 Min.
1 Std. 55 Min.	Waldhusen	496 m	1 Std. 05 Min.
2 Std. 50 Min.	Kaiserstuhl	368 m	

Hinfahrt:	Mit S-Bahn S5 nach Station Schöfflisdorf-Oberweningen
Rückfahrt:	Mit S-Bahn S41 oder Bus ZVV Linie 515 nach Bülach

Hinter der Station *Schöfflisdorf – Oberweningen* finden wir den gelben Wegweiser «Kaiserstuhl», der uns talabwärts weist zur Verbindungsstrasse Oberweningen – Schleinikon. Hier schwenken wir nach rechts ab und steigen ins Dorf *Oberweningen* hinauf.

Im Dorfzentrum steht das aus dem Jahre 1694 stammende Gemeindehaus mit seinen Nebengebäuden, dem Speicher und dem Rossstall. Im hübschen Speicher ist das Zürcher Unterländer Heimatmuseum eingerichtet. Über zwei Dutzend renovierte Riegelhäuser und Speicher geben Oberweningen noch immer den Charakter eines Bauerndorfes. Die alten «Spycher», wie man sie bis heute da und dort im Unterland antrifft, dienten der Lagerung von Lebensmitteln, aber auch von Wertsachen und Waffen.

Nach dem Schulhaus steigen wir zwischen den obersten Häusern des Dorfes weiter und erreichen beim einsamen Hof Charstorf den Waldrand. Ein wunderschöner Aussichtspunkt unter schattenspendenden Kastanienbäumen mit Tisch, Bänken und Feuerstelle lädt uns hier zu einer Ruhepause ein.

Nun steigen wir unter dem Blätterdach eines prächtigen Buchenwaldes, an horizontal geschichteten Nagelfluhbänken vorbei zur Höhe der *Ober-*

weniger Platten (634 m), dem höchsten Punkt unserer Wanderung. Hier kreuzen wir die Route 14, die von Niederweningen nach Bülach führt.

Eine breite Waldstrasse senkt sich von jetzt an leicht und führt an einer Forsthütte mit gedecktem Sitzplatz vorbei an den Rand des Plateaus. Unvermutet stehen wir über dem stillen Waldtal von *Wattwil,* einer Rodung mit zwei Gehöften, wie sie in alemannischer Zeit angelegt wurden. Hier überrascht den Wanderer ein kleines Rasthaus, wo er sich in Selbstbedienung aus dem Keller aufs Angenehmste verpflegen kann: Nebst Speck, Brot und Grillwürsten gibts Getränke, Kaffee und Kuchen.

Wir queren nun das idyllische Tälchen und steigen wieder in den Wald hinein. Nach etwa einer Viertelstunde treffen wir bei einem Grenzstein aus dem Jahre 1860, einer Zeit unseres noch jungen Bundesstaates, auf die Kantonsgrenze und zugleich auf die Route 13, die von Niederweningen her ebenfalls über *Waldhusen* nach *Kaiserstuhl* führt. (Wegbeschreibung siehe Route 13)

Veilchen träumen schon,
Wollen balde kommen.
Horch, von fern ein leiser Harfenton!
Frühling ja du bist's,
Dich hab ich vernommen!

Mörike

16

Steinmaur
Ankenland
Mulflenflue
Waldhusen
Kaiserstuhl

Auf guten Waldstrassen durch ausgedehnte Laubwälder auf der Hochfläche der Egg an die Landesgrenze am Rhein.

Hinweg	Route	Höhe	Rückweg
	Steinmaur	435 m	3 Std.
40 Min.	Ankenland	535 m	2 Std. 30 Min.
1 Std. 30 Min.	Mulflenflue	603 m	1 Std. 35 Min.
2 Std.	Waldhusen	496 m	1 Std.
3 Std.	Kaiserstuhl	368 m	

Hinfahrt:	Mit S-Bahn S5 nach Steinmaur
Rückfahrt:	Mit S-Bahn S41 oder Bus ZVV Linie 515 nach Bülach

Von der Station *Steinmaur* aus ist unser Weg mit den gelben Wegweisern «Kaiserstuhl» gekennzeichnet. Gemeinsam mit Route 12 erreichen wir beim Gehöft mit dem wohlklingenden Namen *Ankenland* den Waldrand. Hier steigen wir im Wald noch etwas höher und kreuzen bei Punkt 576 die Route 13, die über Neerach nach Bülach führt. Eine angenehme Waldstrasse lässt uns frei atmend durch den prächtigen Wald schreiten. Beim kleinen Sodweiher haben wir den höchsten Punkt mit 633 m erreicht, und in wenigen Minuten stehen wir auf der prachtvollen Aussichtskanzel der *Mulflenflue.* Ein Rastplatz mit Ruhebänken und einer perfekten Feuerstelle lädt zum Verweilen ein. Wir geniessen den Ausblick übers verträumte Bachsertal.

Ein lauschiger Pfad führt an der Kante des Plateaus entlang abwärts zum Weiler Rüebisberg. Das umliegende Landwirtschaftsgebiet wird nach biologischen Grundsätzen gepflegt; der Betrieb ist mit der «Bio-Knospe» ausgezeichnet. Direkt vor *Waldhusen* treffen wir auf die Route 13, die den gleichen Weg nach *Kaiserstuhl* wählt. (Wegbeschreibung siehe Route 13)

17

Dielsdorf
Bachs
Kaiserstuhl

Ausgeglichene Wanderung durch das romantische, stille Bachsertal nach Kaiserstuhl am Rhein, der kleinsten Stadt der Schweiz. Empfehlenswert im Frühling und Herbst.

Hinweg	Route	Höhe	Rückweg
	Dielsdorf Station 🚂 🚌	428 m	3 Std. 25 Min.
25 Min.	Niedersteinmaur 🚌	435 m	3 Std.
1 Std. 35 Min.	Alt-Bachs 🚌	468 m	1 Std. 50 Min.
3 Std.	Fisibach 🚌	378 m	20 Min.
3 Std. 20 Min.	Kaiserstuhl 🚂 🚌	368 m	

Hinfahrt:	Mit S-Bahn S5 oder ZVV-Bus 527 ab Bülach nach Dielsdorf
Rückfahrt:	Mit S-Bahn S41 oder ZVV-Bus 515 nach Bülach

Der gelbe Wegweiser «Niedersteinmaur – Kaiserstuhl» führt uns von der Station *Dielsdorf* nordwärts über die Bahnlinie. Auf einem Wiesenweg, später einem Bächlein entlang, erreichen wir auf Steinmaur Boden eine kleine Storchensiedlung und einen einladenden Kinderspielplatz.

In der Storchensiedlung Steinmaur versucht man unter der Obhut der grossen Mutter-Storchensiedlung Altreus an der Aare die einst heimischen Vögel wieder anzusiedeln.

Dem Fisibach nach lenken wir unsere Schritte *Niedersteinmaur* zu und steigen zwischen schönen alten Bauernhäusern zum Gemeinde- und Schulhaus hinauf.

Nieder- und Obersteinmaur liegen in einer reizenden, vom einstigen Gletscher geformten Drumlin-Landschaft. Die Siedlungsgeschichte reicht bis zu den Römern zurück. «Steinin muro», ein Hinweis auf die vielen steinernen Mauerreste von römischen Bauten, wird 833 erstmals urkundlich erwähnt.

Bald erreichen wir ansteigend freies Feld und dann den Waldrand, wo wir mit einem Blick zurück eine prächtige Sicht, bei klarem Wetter bis hin zu den Alpen geniessen. Hier bei der Häusergruppe «Altloch» kreuzen wir die Route 14, nachdem diese die grossen Waldungen der Egg durchquert hat.

Auf guter Waldstrasse, die ganz unrealistisch mit «Dreckweg» angeschrieben ist, durchschreiten wir den schönen Hochstamm-Mischwald und stehen plötzlich am Waldrand vor einem stillen Wiesental. Auf einer Ruhebank oberhalb des Hofes Hochrüti bestaunen wir die Aussicht auf das hübsche, ursprüngliche Dörfchen *Bachs*, das eingebettet in der grünen, geschützten Mulde des Bachsertälchens liegt. Ein Flursträsschen führt ins Dorf hinunter.

Die Bauerngemeinde Bachs besteht aus zwei Dörfchen zu beiden Seiten des Fisibaches und etwa 20 entlegenen Höfen. Im Juli 1763 zerstörte ein Grossbrand auf der rechten Talseite zehn Bauernhäuser. Seit dem Wiederaufbau heisst dieser Dorfteil Neu-Bachs. Die einfache Landkirche aus dem Jahre 1715 in Alt-Bachs diente einst mit Friedhof und Pfarrhaus zusammen als militärischer Stützpunkt.
Die Erhaltung der Landschaft wird durch die vom Regierungsrat 1969 erlassene Verordnung zum Schutze des Bachser Tales gewährleistet. Im Rahmen der Renaturierung werden die Neuschaffung von Hecken, Trockenwiesen, Hochstamm-Obstgärten, Krautsäumen und die lichtbringenden Pflegemassnahmen im Wald geplant. In diesem Sinn arbeitet auch die «Kulturbeiz Neuhof», eine festverankerte Institution im Zürcher Unterland. Sie ist nicht nur ein Gasthof, der Bio-Produkte in saisongerechten Speisen auftischt, sondern bietet ein Forum für Auseinandersetzungen im Kraftfeld von Kultur, Wirtschaft und Gesellschaft.

Wir durchqueren den Ortsteil Alt-Bachs an der Kirche vorbei zum Fisibach, der uns talauswärts begleitet. Bei den Höfen Neumüli, Hueb und Talmüli fehlt ein begehbarer Uferweg, so dass der Wanderweg etwas aufwärts dem Talhang entlang führt, uns aber dafür wunderbare Blicke aufs verträumte Bachsertal gewährt. Die Talsenke zwischen dem Stadler Berg und den Ausläufern der Egg wird bis zu den Waldrändern hinauf landwirtschaftlich genutzt. Da und dort leuchten malerische Einzelhöfe oder Weiler mit rotem Riegelwerk aus dem Grün der Hänge.

Vor dem Weiler Hägele, der direkt unter den Flühen des *Sanzenberges* liegt, überschreiten wir die Grenze zum Kt. Aargau. Der Waldrandweg leitet uns nach *Fisibach,* wo kurz vor dem Dorf die Wanderrouten 13,15 und 16 von *Waldhusen* herab dazustossen. Von Fisibach aus (siehe auch Route 13) sind wir in 20 Minuten bei der Station *Kaiserstuhl* und dem sehenswerten Städtchen. (Näheres siehe Route 13)

18

Niederglatt
Höriberg
Neerach
Sanzenberg
Kaiserstuhl

Längere Wanderung. Zuerst über offenes Feld, später durch ausgedehnte Wälder des Sanzenberges zum Rheinstädtchen Kaiserstuhl.

Hinweg	Route	Höhe	Rückweg
	Niederglatt Station 🚂 🚌	423 m	4 Std. 10 Min.
40 Min.	Oberhöri 🚌	409 m	3 Std. 30 Min.
1 Std. 05 Min.	Höriberg	472 m	3 Std. 10 Min.
1 Std. 30 Min.	Neerach 🚌	427 m	2 Std. 40 Min.
3 Std.	Sanzenberg	543 m	1 Std. 40 Min.
4.Std. 25 Min.	Kaiserstuhl 🚂 🚌	368 m	

Hinfahrt:	Mit S-Bahn S5 nach Niederglatt
Rückfahrt:	Mit S-Bahn S41 oder ZVV-Bus 515 nach Bülach

Aus einem bunten Strauss von Wanderwegweisern beim Bahnhof *Niederglatt* wählen wir die Angabe «Glattuferweg – Oberhöri», die uns nordwärts zur Zürichstrasse und an die Glatt weist. Wir folgen dem Flusslauf bis zur auffallend blau gestrichenen Hängebrücke, auf der wir die Flussseite wechseln. Beim Altersheim «Eichi» treffen wir auf eine 1990 neu erstellte, gedeckte Fussgänger-Holzbrücke. Der mit Bäumen gesäumte Uferweg bringt uns nach *Oberhöri*, wo wir abermals die Glatt auf einer Strassenbrücke überschreiten. Wir befinden uns nun auf dem Europäischen Fernwanderweg «Pyrenäen – Jura – Neusiedlersee». Beim Aufwärtsschreiten blicken wir nach links über die ausgedehnte, seit 1956 geschützte Riedfläche von Neerach mit dem 1999 eröffneten Naturschutz-Zentrum *Neeracher Ried.*

Auf dem *Höriberg*, bei einem grossen Rast- und Aussichtspunkt stossen wir auf Route 14 und benutzen bis *Neerach* die gleiche Wegführung. (Näheres s. auch Route 14)

Der Römerturm in Kaiserstuhl

Neerach besitzt mehrere schön renovierte, alte Gebäude. Der Bach, der vom Heitlig herabsprudelt, hat einst vier Mühlen das Wasserrad angetrieben. Erhalten geblieben sind die Obermühle,die Geigermühle und die untere Mühle, alle drei bestaunenswerte Bauten.
Das alte Schulhäuschen, ein Riegelbau, trägt ein leicht überhöhtes Glockentürmchen, das einstmals als Kirchturmersatz auf dem einzigen öffentlichen Gebäude der Gemeinde dienen musste.

Die markierte Route führt in Neerach beim Restaurant «Wilden Mann» vorbei zu den Schulhäusern. Oberhalb eines hübschen, alten Speichers von 1791 schwenken wir nach rechts zur Oberholzstrasse. Nach dem Kindergarten wählen wir das Natursträsschen zum Waldrand hinauf. Teils im Wald, teils dem Wald entlang mit wechselweiser Sicht nach Süden oder Norden ziehen wir über den Bergrücken des Oberholzes und des Stadler Foren bis zur Verbindungsstrasse Bachs – Stadel. (Bus-Haltestelle Stig)

Nun achten wir auf den Wegweiser «Sanzenberg – Kaiserstuhl» und durchwandern auf guten Waldstrassen einen hochstämmigen Mischwald. Er ist stark durchsetzt mit mächtigen Föhren, die auf dem trockenen Untergrund des Deckenschotters besonders gut gedeihen.

Nicht verpassen darf man den Aussichtspunkt «Spitzflue», ein Nagelfluhsporn, von dem aus man direkt ins stille Bachsertal hinabschaut. Das Waldsträsschen senkt sich nun der Kantonsgrenze Zürich/Aargau nach stetig abwärts. Beim Waldaustritt erfreut uns eine weite Sicht: Vor uns erkennen wir die obersten Häuser von Fisibach, am Horizont die bewaldeten Höhenzüge des Wannenberges und des Kalten Wangens in Deutschland, und rechts erblicken wir vor dem Rafzerfeld die aufgerissene Landschaft der Weiacher Kieswerke.

Zwischen Wiesen und Aeckern hindurch gelangen wir zu neuen Einfamilienhäusern von *Fisibach,* dann einen steilen Waldweg hinab zur Fahrstrasse, der wir den gelben Rhomben nach zur Station *Kaiserstuhl* folgen. (Heimatkundliches über Kaiserstuhl s. Route 13)

19

Stadel
Stadlerberg
Weiach
Kaiserstuhl

Auf einen sehr steilen Anstieg zum Aussichtsturm auf dem Stadlerberg folgt ein müheloser Abstieg durch Wälder und ein einsames Tal zur Landesgrenze am Rhein.

Hinweg	Route	Höhe	Rückweg
	Stadel 🚌	435 m	2 Std. 30 Min.
35 Min.	Stadlerberg	622 m	2 Std. 10 Min.
1 Std. 45 Min.	Weiach 🚌	376 m	35 Min.
2 Std. 20 Min.	Kaiserstuhl 🚆 🚌	368 m	

Hinfahrt:	Mit ZVV-Bus 510 ab Flughafen Kloten oder 515 ab Bülach nach Stadel
Rückfahrt:	Mit S-Bahn S41 oder ZVV-Bus 515

Von der Post in *Stadel* sind wir in wenigen Schritten auf dem Dorfplatz mit dem stattlichen Löwenbrunnen.

Der achteckige Löwenbrunnen mit der Jahrzahl 1636 ist das Wahrzeichen der Gemeinde. Auf der mit Familienwappen geschmückten Brunnensäule thront ein Löwe, der in den Pranken einen Zürcher-Schild hält. Im Dorf stehen mehrere wunderschöne Riegelbauten aus dem 17. Jahrhundert; unübersehbar das Haus «Maag» gegenüber der Post. Das eindrucksvolle alte Schulhaus aus dem Jahre 1830 war Mittelpunkt des «Stadler Handels», einem Aufruhr gegen das neue Zürcher Schulgesetz von 1832.

Der Wegweiser «Stadlerberg – Kaiserstuhl» weist uns nach dem steinernen Speicher aus dem Jahre 1561 mit Aussentreppe und schön behauenem Türbogen nach links zwischen zwei grossen Bauernhäusern hindurch. Auf dem Turmweg steigen wir am Rand einer neuen Eigenheim-Siedlung den Berg hinan zum *Gibisnüd*. Über eine Treppe im Hohlweg steigen wir weiter zum oberen Hof im Gibisnüd.

Wo sich die Vorfahren auf einem «nichts-gebenden», kargen Boden, dem Gibisnüd, abmühten, ist heute bei guter Pflege und Düngung auch hier oben ein angemessener Ertrag zu erwarten.

Das aargauische Städtchen Kaiserstuhl wurde 1254 als Brückenkopf beim Rheinübergang der Handelsstrasse vom schweizerischen Mittelland in den süddeutschen Raum von den Regensbergern gegründet. Lange Zeit war es unter der Herrschaft der Bischöfe von Konstanz. Doch im 19. Jahrhundert, im Eisenbahnzeitalter, riss die lebenswichtige Verbindung über den Rhein ab, und Kaiserstuhl verlor an Wichtigkeit. Erhalten geblieben ist das unvergleichlich schöne, einheitliche Erscheinungsbild der mittelalterlichen Stadtanlage. In geschlossener Dreiecksform weitet sich die Stadt vom Scheitelpunkt beim massigen Wehrturm, dem heutigen Wahrzeichen von Kaiserstuhl, den steilen Abhang hinunter zur Basis am Rhein, wo die Brücke zur Burg Rötteln am deutschen Ufer führt. Die Häuser an den Dreiecksseiten bildeten zugleich die Wehrmauern und sind daher lückenlos aneinander gereiht. Die steile, gepflästerte Gasse herauf mühten sich früher die vier- bis achtspännigen Fuhrwerke. Im Innern des Städtchens erheben sich zahlreiche reizvolle, historisch bedeutsame Bauten, wie der Gasthof «zur Krone», das Amtshaus des Klosters St. Blasien, das Marschallhaus und das ehemalige Rathaus.

Stadtmauer in Kaiserstuhl

Nach dem Hof gilt es, die letzte Steilstufe zum Plateau des *Stadlerberges* hinauf zu bezwingen. Dort lohnt sich der kleine Abstecher zu einem hölzernen Aussichtsturm auf einem vorgeschobenen Nagelfluhsporn. Mit seinen 25 m Höhe überragt er die Bäume und ermöglicht eine fantastische Rundsicht übers breite Glatttal mit den langen Pisten des Flughafens Kloten bis hin zum Alpenkranz. Flugbegeisterte werden ihre Freude haben an den tieffliegenden Riesenvögeln, die direkt über dem Turm auf der Anflugschneise zur Landung ansetzen. Der Wanderweg führt nun der Plateaukante entlang und an der Hochwacht vorbei zur *Helvetierschanze.*

Bei der Helvetierschanze handelt es sich um einen mit zwei Wall/Graben-Systemen geschützten Geländesporn, der wahrscheinlich in der späten Bronzezeit (1200–800 v. Ch.) als Fluchtburg gedient hat.

Wir setzen unsern Weg durch den schönen Mischwald mit seinem von Farnkräutern überwucherten Boden fort und gelangen am Haggenberg zu einem kleinen Rastplatz mit moosbewachsenen Sitzgelegenheiten und einer Feuerstelle. Ein Waldsträsschen kurvt abwärts zum Müliboden und führt durch eine schmale Talmulde nach *Weiach.*

Weiach ist heute noch ein ausgesprochenes Bauerndorf. Der Rhein, der in einiger Entfernung vorbeiströmt und die natürliche Grenze zur Bundesrepublik Deutschland bildet, markiert auch den tiefsten Punkt im Kanton Zürich (332 m ü. M.) Die geschützte Mulde am Stadlerberg diente schon zur Jungsteinzeit als Siedlungsplatz. Während der Konfessionskriege war Weiach Sammelplatz der Unterländer Truppen. Darum wurden Kirche, Friedhof und Pfarrhaus zusammen zu einem militärischen Stützpunkt ausgebaut, von dem die Schiessscharten in der Friedhofmauer heute noch Zeugnis ablegen.

Auf die gelben Wegzeichen achtend begleiten wir ein Bächlein zur Bahnunterführung. Hier führt ein Weg der Bahnlinie entlang in einer guten Viertelstunde zur Station *Kaiserstuhl.* Viel reizvoller aber bietet sich uns der Rheinuferweg an. Um dorthin zu gelangen, folgen wir dem kleinen Bachlauf von der Bahnunterführung aus weiter durch einen Tobelwald bis zur Mündung in den Rhein. Stromabwärts schlendern wir, unsern Blick hie und da ans deutsche Ufer ennet dem Rhein werfend, ins malerische Städtchen *Kaiserstuhl.* (siehe Route 13)

20

Niederglatt Höriberg Strassberg Glattfelden

Zuerst dem Glattlauf entlang, dann über schattenspendende Höhenzüge nach Glattfelden in Gottfried Kellers «Grünem Wiesental».

Hinweg	Route	Höhe	Rückweg
	Niederglatt Station	423 m	2 Std. 40 Min.
40 Min.	Oberhöri	409 m	2 Std.
1 Std. 05 Min.	Höriberg	472 m	1 Std. 40 Min.
1 Std. 45 Min.	Strassberg	470 m	1 Std.
2 Std. 40 Min.	Glattfelden	374 m	

Bewältigt man die Strecke Glattfelden Dorf – Station zu Fuss, verlängert sich die Wanderung um 45 Min.

Hinfahrt:	Mit S-Bahn S5 nach Niederglatt
Rückfahrt:	Mit ZVV-Bus 540 von Glattfelden Dorf nach Glattfelden Station, von dort mit S-Bahn S5 oder S22

Der erste Teil der Wanderung entspricht bis zum *Höriberg* der Route 18. (Genaue Wegbeschreibung siehe dort)

Nach dem aussichtsreichen Rastplatz mit Waldhütte, Brunnen und Spielwiesen am Rande des bewaldeten *Höriberges* trennen wir uns von der Route 18 und schwenken nach rechts ab über den Höhenzug bis zur Strasse Hochfelden – Neerach. In einer tiefen Mulde neben dem Parkplatz liegt der kleine Chernensee, ein Moränenseelein ohne Zu- und Abfluss. Nach einem Stück nicht mehr befahrener Asphaltstrasse biegen wir in eine gepflegte Waldstrasse ein, auf der wir über den *Strassberg* wandern.

Parallel zur Strasse verläuft ein noch gut erkennbarer Graben mit zugehörigem Wall. Er diente früher mit einem Grünhag versehen dazu, weidende Tiere, vor allem Schweine, auf den Eichenwald zu beschränken und den übrigen Wald vor ihnen zu schützen.

Unser Weg durch den schönen Laubwald mit knorrigen Eichen führt am Reservoir Hochfelden vorbei, in welches Grundwasser aus dem Glatttal heraufgepumpt wird. Mitten im Wald kreuzen wir die Wanderroute 23 von Hochfelden nach Stadel. Kurz vor dem Waldaustritt wählen wir zwischen dem Waldrandweg nach links und dem Weglein im Wald drin, wo wir auf einer Seitenmoräne nach 1 km ebenfalls an den Waldrand gelangen. Wir treten nun auf eine mit satten Feldern überdeckte Hochebene hinaus und freuen uns wie einst Gottfried Keller in seinem «Grünen Heinrich» an der schönen Landschaft.

Auf der 27m langen Hegsten-Brücke, die 1980 als gedeckte Holzbrücke anstelle einer Stahlbrücke aufgebaut wurde, überschreiten wir die Glatt und gelangen ins Dichter-Dorf *Glattfelden* mit seinem schönen, geschützten Ortskern.

Neben der Kirche steht das 1985 eröffnete Gottfried-Keller-Zentrum. Mit diesem Begegnungsort (Ausstellungsräume, Foyer, Restaurant und Gemeindebibliothek) ehrt der Heimatort Gottfried Kellers seinen grossen Dichter, der im selbstbiographischen Werk «Der grüne Heinrich» Glattfelden mehrere Kapitel gewidmet hat.

Das Gottfried-Keller-Zentrum in Glattfelden

Auf der alten «Züri-Strass», der ehemaligen Verbindung von Glattfelden mit der Stadt, wird wohl der junge Gottfried Keller im Sommer 1834 zu seinem Oheim, dem Arzt Heinrich Scheuchzer, auf der «Flucht zur Mutter Natur» nach Glattfelden gewandert sein. Auf dem besonders beschilderten «Gottfried-Keller-Dichterweg» treffen wir mehrere Tafeln mit Texten und Gedichten des grossen Zürcher Dichters und lesen aus seinem Entwicklungsroman: «Ich wanderte den ganzen Tag ohne müde zu werden, kam durch viele Dörfer und war wieder stundenlang allein in gedehnten Waldungen oder auf freien, heissen Höhen, mich oft verirrend, aber die verlorene Zeit nicht bereuend, weil ich fortwährend in meinen Gedanken beschäftigt war und zum ersten Male, durch mein stilles Wandern bewegt, von der ernsten Betrachtung des Schicksals und der Zukunft erfüllt wurde. Kornblumen und roter Mohn und in den Wäldern bunte Pilze begleiteten mich längs der ganzen Strasse; wunderschöne Wolken bildeten sich unablässig und zogen am tiefen, stillen Himmel dahin. Endlich sah ich das Dorf zu meinen Füssen liegen in einem kleinen, grünen Wiesentale, welches von den Krümmungen eines leuchtenden Flusses durchzogen und von belaubten Bergen umgeben war. Die Abendsonne lag warm auf dem Tale, die Kamine rauchten freundlich.» (Gottfried Keller: Der grüne Heinrich)

21

Wasterkingen Kalter Wangen Wannenberg Küssaburg Zurzach

Ausgedehnte Wanderung auf kaum begangenen Pfaden über die bewaldeten Höhenzüge Südbadens mit prächtiger Aussicht. Personalausweis für den Übergang nach Deutschland bei der «grünen Grenze» notwendig!

Hinweg	Route	Höhe	Rückweg
	Wasterkingen 🚌	393 m	5 Std. 25 Min.
50 Min.	Käppeleberg	581 m	4 Std. 50 Min.
1 Std. 30 Min.	Bergscheuerhof	606 m	4 Std. 10 Min.
2 Std. 30 Min.	Wannenberg	680 m	3 Std. 15 Min.
3 Std. 15 Min.	Küssaburg 🚌	629 m	2 Std. 25 Min.
3 Std. 35 Min.	Bechtersbohl	455 m	2 Std.
4 Std. 40 Min.	Dangstetten 🚌	380 m	50 Min.
5 Std. 10 Min.	Rheinheim 🚌	331 m	20 Min.
5 Std. 30 Min.	Zurzach 🚆 🚌	340 m	

Hinfahrt: Mit S-Bahn S 5 oder S 22 nach Hüntwangen-Wil und dann mit ZVV-Bus 545 nach Wasterkingen.

Rückfahrt: Mit S-Bahn S 41 nach Eglisau – Bülach oder via Baden nach Zürich. (Ab Küssaburg einige Busverbindungen nach Rheinheim und Zurzach)

Unsere mehrstündige Wanderung beginnt in *Wasterkingen* und führt gemeinsam mit der Variante von Route 31 an die Landesgrenze zur Bundesrepublik Deutschland auf dem Plateau im Norden des Dorfes.Das stille Bauerndorf Wasterkingen, das kleinste Dorf im Rafzerfeld, hat durch die abgeschiedene Lage zu äusserst an der Landesgrenze seine Ursprünglichkeit zum grössten Teil bewahrt. Zu einiger Bekanntheit gelangte das kleine Dörfchen durch einen der letzten Hexenprozesse des Kantons Zürich im Jahre 1701, als acht Dorfbewohner wegen Hexerei hingerichtet wurden.

Beim grossen achteckigen Dorfbrunnen von 1826 finden wir den gelben Wegweiser «Grüne Grenze – Küssaburg», der uns am Kirchlein vorbei durchs Dorf weist. Wir biegen nach rechts einem Bächlein nach aufwärts durchs Schiessstandgelände. Bei Schiessbetrieb die markierte Umgehung beachten! Weiter oben wird das Fahrsträsschen zum übergrasten Flurweg, der in direkter Linie zum 535 m hoch gelegenen Büelbrunnen führt. Am letzten abgelegenen Bauernhof, dem Bergheim, fällt uns der alte Hausspruch aus dem Jahre 1878 auf:

Geh ohn Gebet und Gottes Wort
Niemals aus Deinem Hause fort.

Bevor wir in den Föhrenwald eintreten, schauen wir nochmals zurück übers ebene Rafzerfeld. Bei sichtigem Wetter erkennen wir in der Ferne den Alpenkranz.

Wir steigen nun zur Landesgrenze hinauf, wo sich ostwärts der Höhenweg nach Rafz wendet und gegen Westen ein schmaler Trampelpfad uns entlang der Landesgrenze zum Grenzstein NR. 13 mit der Jahreszahl 1859 führt. Eine Tafel macht uns darauf aufmerksam, dass wir die «Grüne Grenze» ohne Zollstation überschreiten: Grenzüberschreitende Wanderung – Gültige Grenzübertrittspapiere sind mitzuführen.

Hier auf dem *Käppeleberg* überqueren wir die Autostrasse Bühl – Bergöschingen und bewundern ein schönes Steinkreuz aus dem Jahre 1688, verziert mit Trauben, Sonne, Mond und Engelsköpfen.

Von nun an benützen wir die grenzüberschreitende Route, die von Bad Osterfingen über deutsches Gebiet bis zur Küssaburg von den Zürcher Wanderwegen (ZAW) mit den uns bekannten gelben Wegweisern markiert wurde.

Wir umgehen auf ebenem Weg die bewaldete Bergkuppe *Kalter Wangen* und treffen oberhalb der Häusergruppe *Bergscheuerhof* auf einen neu erstellten, grosszügigen Rastplatz mit Schutzhütte und Feuerstelle. Für die nächste halbe Stunde wählen wir aus zwei Wegvarianten entweder nach rechts den schattigen Waldweg oder nach links den sonnigen, prächtigen Aussichtsweg. Oberhalb des Reutehofes treffen sich die beiden Wege wieder auf einem Passübergang.

Lassen wir unsere Blicke nach Norden schweifen, erkennen wir direkt unter uns den Klettgau, ein weites, fruchtbares Tal, das sich bis zu den waldigen Höhen des Randen und des Schwarzwaldes hinzieht. Im Süden auf der Schweizer Seite des Rheins erhebt sich hinter den Tafelbergen der Egg der markante Lägerengrat. Die Hänge hier am Wannenberg sind eher karg, und nur wenige Einzelhöfe stossen aus den Dörfern in den geschützten Mulden zu diesen rauheren Höhen vor. Werktags begegnet man daher auf diesen einsamen Pfaden keinen Menschen. Man wandert sinnend vor sich hin, begleitet von Vogelgezwitscher, ab und zu aufgeschreckt durch den Warnruf eines Eichelhähers.

Wir steigen von der Strasse aus recht steil den *Wannenberg* hinan und erreichen beim mächtigen Sendeturm des Südwestfunks den höchsten Punkt (683 m) unserer langen Wanderung. Auf einem schmalen Waldpfad ziehen wir weiter über den Wannenberg und die Hasle. Beim Waldaustritt überrascht uns auf einer steilen Waldkuppe die Ruine der *Küssaburg*. Dem Bergrücken folgend erreichen wir den gepflegten Gasthof Küssaburg und löschen vielleicht den Durst, bevor wir das kurze, steile Wegstück den Burghügel hinauf in Angriff nehmen.

Die Küssaburg war neben dem Hohentwiel bei Singen und der Röttelen bei Basel eine der grössten Burganlagen am Oberrhein. Auf den Mauerresten eines römischen Wachtturmes erbauten die Freiherren von Küssaburg eine kleine Feste, die mehrmals in andere Hände überging und stets vergrössert wurde. Im Schwabenkrieg 1499 belagerten die Schaffhauser die Burg und stürmten sie mit Kanonen aus der Burgunderbeute. 1525 wurde die Küssaburg während der Bauernunruhen von Aufständischen aus dem Klettgau und dem Rafzerfeld erfolglos belagert. Im Dreissigjährigen Krieg steckte die kaiserliche Besatzung die Burg, eigentlich ohne Not, in Brand, als die Schweden unter König Adolf anrückten. Über eine hölzerne Zugbrücke betritt man die weitläufige Burganlage und geniesst auf den Mauern der Ruine einen grossartigen Rundblick nach allen Himmelsrichtungen.

Eingang zur Küssaburg

Für den Abstieg nach Zurzach wählt man entweder den schmalen Fussweg direkt vor dem Eingang zur Ruine oder den etwas breiteren Weg beim Gasthof Küssaburg. Beide führen nach *Bechtersbohl* hinunter. Für unsere Augen, die sich längst auf die gelben Rhomben einvisiert haben, wird es nun schwieriger, die Wegführung zu erkennen. Das Markierungszeichen für den Weg nach Zurzach, ein kleiner blauer Punkt auf weissem Grund, ist etwas spärlich angebracht und kann schnell übersehen werden.

In *Bechtersbohl* queren wir die Strasse Dangstetten – Oberlauchringen und folgen dem Riffhausenweg. Kurz vor dem Friedhof biegen wir nach rechts auf ein Feldsträsschen ab, das kurz darauf als schöne Naturstrasse ebenaus durch den Berchenwald zieht. Die blauen Punkte führen uns zu einer Abzweigung, dem Schlattweg, und in angenehmem Gefälle zu den ersten Häusern von *Dangstetten.* An die gleiche Stelle würde uns eine steilere Abkürzung bringen, die mit einem weissen Wegweiser «Dangstetten» und mit kleinen roten Gemsen markiert ist.

Im Dorf zweigen wir vor der Hauptstrasse nach rechts ab durch ein neueres Wohnquartier. Ein Strässchen mit dem Namen «Im Kratten» leitet uns abseits der Hauptstrasse nach *Rheinheim* zur Rheinbrücke. Wir überschreiten den Rhein an den Zollposten vorbei und erreichen, wieder auf Schweizer Boden, in einer Viertelstunde den Bahnhof von *Zurzach.*

Die Anfänge von Zurzach gehen auf den einst wichtigen Verkehrsweg zurück, der aus dem schweizerischen Mittelland hier beim römischen Tenedo, dem heutigen Zurzach, den Rhein überquerte und weiter in den Donauraum führte. Der historische Marktflecken ist in unserer Zeit dank den 1955 erschlossenen Thermalquellen zu einem modernen, vielbesuchten Bade-, Kur- und Wellnesszentrum gewachsen. Wohl haben die Thermalwasser die Strukturen Zurzachs verändert, doch das von der Geschichte geprägte Ortsbild ist weitgehend erhalten geblieben.

Wandern gibt mehr Verstand als hinterm Ofen sitzen.

Paracelsus

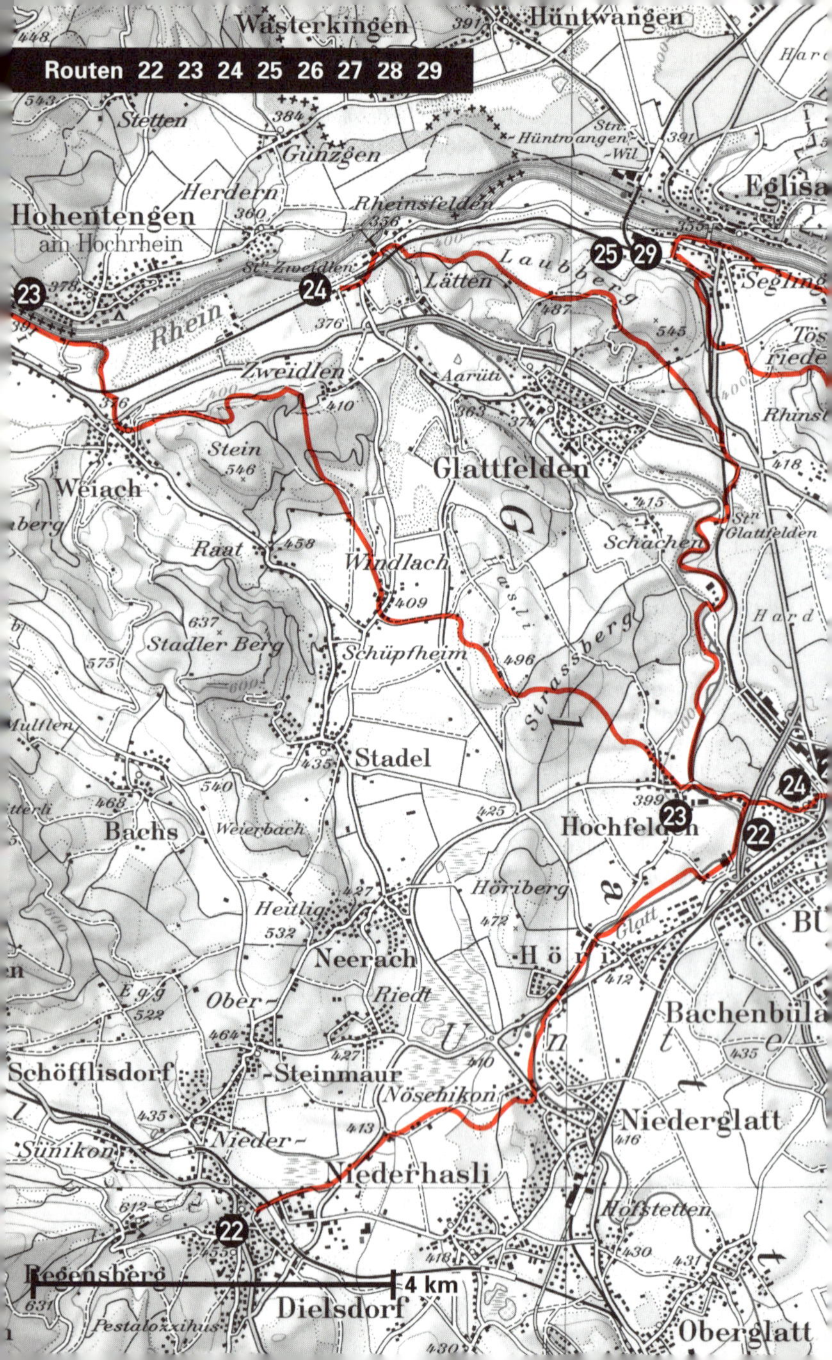
Routen 22 23 24 25 26 27 28 29
Wasterkingen
Hüntwangen
Stetten
Günzgen
Herdern
Rheinsfelden
Hohentengen
am Hochrhein
St. Zweidlen
Str. Hüntwangen-Wil
Eglisau
Seglingen
Laubberg
Lätten
Rhein
Zweidlen
Aarüti
Glattfelden
Stein
Weiach
Raat
Windlach
Schachen
St. Glattfelden
Hard
Stadler Berg
Schüpfheim
Strassberg
Stadel
Hochfelden
Bachs
Weierbach
Höriberg
Heitlig
Neerach
Glatt
Höri
Egg
Ober-
Riedt
Bachenbülach
Schöfflisdorf
Steinmaur
Nöschikon
Niederglatt
Nieder-
Sünikon
Niederhasli
Hofstetten
Regensberg
Dielsdorf
Pestalozziheim
Oberglatt
4 km

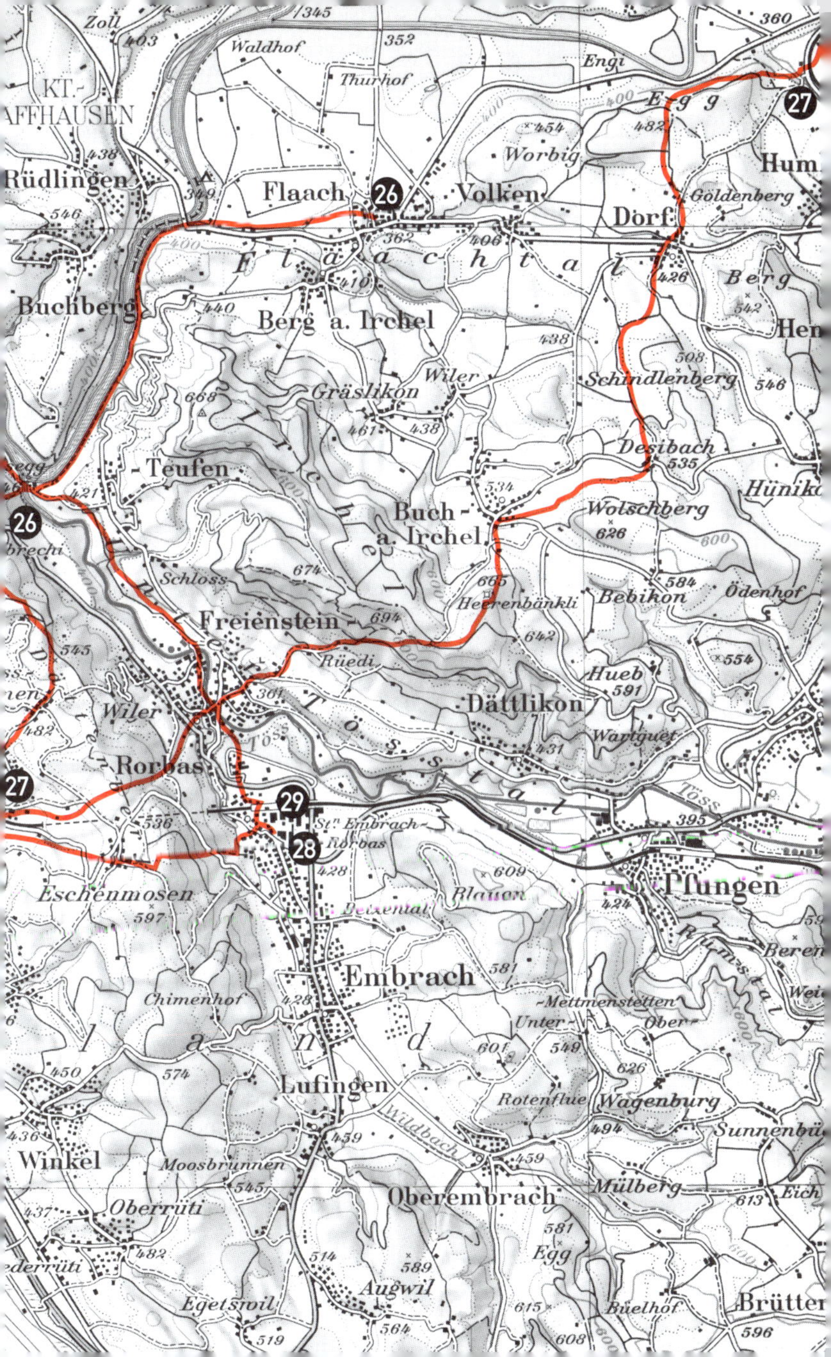
Zoll
403
KT.-
AFFHAUSEN
438
Rüdlingen
546
Buchberg
Waldhof
352
Thurhof
Flaach
26
Volken
Engi
360
Egg
27
482
454
Worbig
Hum
Goldenberg
Dorf
349
362
406
410
Flaachtal
426
Berg
542
Hen
440
Berg a. Irchel
438
Wiler
Gräslikon
Schindlenberg
508
546
668
461
438
Desibach
535
Teufen
421
26
534
Buch a. Irchel
Wolschberg
626
Hüniko
Irchel
Schloss
674
665
Heerenbänkli
584
Bebikon
Ödenhof
Freienstein
694
642
545
Rüedi
554
Hueb
591
Wiler
361
Dättlikon
Töss
Tösstal
Wartguet
482
431
Rorbas
27
29
395
536
St. Embrach-Rorbas
28
428
609
Pfungen
Eschenmosen
597
Blauen
424
Dezental
Embrach
581
Chimenhof
428
Mettmenstetten
Unter
Ober
Land
601
549
450
574
626
Lufingen
Rotenflue
Wagenburg
436
459
Wildbach
494
Sunnenbü
Winkel
Moosbrunnen
459
545
Oberembrach
Mülberg
613
Eich
437
Oberrüti
581
482
Egg
514
589
Augwil
Egetswil
615
Büelhof
Brütten
519
564
608
596

22

Bülach
Oberhöri
Nöschikon
Dielsdorf

Eine Querverbindung zwischen den beiden Bezirkshauptorten Bülach und Dielsdorf durch die Flusslandschaft der Glatt.

Hinweg	Route	Höhe	Rückweg
	Bülach Bahnhof 🚂 🚌	427 m	2 Std. 20 Min.
1 Std.	Oberhöri 🚌	409 m	1 Std. 20 Min.
1 Std. 20 Min.	Nöschikon	411 m	1 Std.
2 Std. 20 Min.	Dielsdorf Station 🚂 🚌	428 m	

Hinfahrt:	Mit der S-Bahn S5 nach Bülach
Rückfahrt:	Mit der S-Bahn S5 über Oberglatt nach Zürich oder ZVV-Bus 527 nach Bülach

Beim Bahnhof *Bülach* finden wir hinter den Bushaltestellen die gelben Wegweiser, die uns einen Überblick über die vielen Routen der Region verschaffen. Wir folgen dem Wegweiser «Niederhöri – Dielsdorf», der uns auf die andere Seite der Bahngeleise zum Kreisspital weist. Noch vor der Autobahn zweigen wir vom Waldweg nach links ab und gelangen zu den Sportanlagen Hirslen. Dort bringt uns ein Fussweg der Glatt entlang, an der Brandruine der ehemaligen Spinnerei Jakobstal vorbei, über eine Brücke auf die andere Flussseite nach *Niederhöri.* Beim Gemeindehaus mit dem Zeittürmchen aus dem Jahre 1884 überschreiten wir erneut die Glatt und folgen ihr flussaufwärts nach *Oberhöri.* Wir wandern auf der gleichen Flussseite weiter bis zur nächsten Brücke in *Niederglatt.* Hier überqueren wir das kanalisierte Flussbett, gehen etwa 100 m flussabwärts dem Ufer entlang und verlassen dann nach links die Glatt Richtung *Nöschikon.*

Das fast unveränderte Bauerndörfchen Nöschikon ist der älteste Dorfteil von Niederglatt und wurde vom Alemannen Nosso gegründet. Im 10. Jahrhundert stand im Dorf eine der ältesten Kapellen des Unterlandes. Ihre Mauern wurden vor 250 Jahren in einem Wohnhaus integriert, das an der alten Strasse heute noch durch seinen hohen Giebel auffällt.

Auf der Anhöhe nach dem Dorf überblicken wir die Ebene des *Neeracher Riedes*. Im Hintergrund erkennen wir unseren Zielort Dielsdorf und den Ausläufer der Lägeren.

Das Gelände von Niederglatt bis Glattfelden wurde 1977 als Zeuge der Eiszeit ins Inventar der Landschaften und Naturdenkmäler von nationaler Bedeutung aufgenommen. Bereits 1956 wurde das Neeracher Ried vom Regierungsrat unter Naturschutz gestellt. Mit seinen Mooren, Tümpeln und z. T. künstlich ausgehobenen, offenen Wasserflächen ist das Ried eines der bedeutendsten Wasservogelreservate der Schweiz. Über 200 Vogelarten, darunter Zugvögel und solche, die sich als Wintergäste bei uns niederlassen, können vom neu geschaffenen Naturschutz-Zentrum aus beobachtet werden. Auch viele seltene, schützenswerte Sumpfpflanzen, so wie vom Aussterben bedrohte Amphibien und eine Vielzahl von Insekten, Käfern, Libellen und Schmetterlingen finden hier in einem der grössten Flachmoore der Schweiz ideale Lebensbedingungen.

Wir lenken unsere Schritte in die Ebene hinab und folgen dem Fischbach am Rande der Riedfläche bis zum Rütihof. Hier überqueren wir den eingedämmten Bach und gelangen zur Autostrasse, der wir auf getrenntem Trassee ein Stück weit folgen. Ein schmales Weglein führt uns durch das Schutzgebiet des Fischbaches, eine Riedlandschaft mit reicher Flora und Fauna um und in den kleinen Tümpeln. Durch das Industriegebiet erreichen wir die Station des Bezirkshauptortes *Dielsdorf*.

Graureiher

Treppengiebel am Rathaus in Bülach

23

Bülach Hochfelden Windlach Weiach Kaiserstuhl

Vom Glatttal auf einsamen, stillen, teilweise schmalen Pfaden über die bewaldeten Bergrücken Strassberg und Aemprig an den Rhein.

Hinweg	Route	Höhe	Rückweg
	Bülach Bahnhof 🚆 🚌	427 m	3 Std. 35 Min.
30 Min.	Hochfelden 🚌	399 m	3 Std. 05 Min.
1 Std. 40 Min.	Windlach 🚌	409 m	1 Std. 55 Min.
2 Std. 40 Min.	Leuenchopf	505 m	1 Std. 05 Min.
3 Std. 05 Min.	Weiach 🚌	376 m	30 Min.
3 Std. 35 Min.	Kaiserstuhl 🚆 🚌	368 m	

Hinfahrt: Mit der S-Bahn S 5 bis Bülach
Rückfahrt: Mit der S-Bahn S 41 nach Eglisau und Bülach oder mit dem ZVV-Bus 515 nach Bülach

Nach den Bushaltestellen beim Bahnhof *Bülach* treffen wir auf die gelben Wanderwegweiser. Unsere Route «Hochfelden – Kaiserstuhl» weist zur Bahnunterführung, die uns auf die Südseite der Geleiseanlagen führt. Gemeinsam mit Route 24 erreichen wir durch Quartierstrassen den Wald hinter dem Kreisspital. Der Waldweg führt uns unter der Autobahn durch, wo wir in der Bannhalden auf einen Vita-Parcours und eine Finnenbahn treffen.

Die Bannhalde gehört heute zu den grössten zusammenhängenden Eichenwäldern des Kantons Zürich, sie ist Naturschutz- und Forschungsgebiet der Eidgenössischen Technischen Hochschule (ETH). Es ist aber nur ein bescheidener Rest der einst umfassenden Eichenbestände im Unterland, von denen Meyer von Knonau in seinem «Gemälde der Schweiz, Heft I» im Jahre 1834 noch schwärmte: «Sein Eichenwald wäre würdig, die Leier eines Klopstocks und Kärners zu beleben.»

Unser Weg senkt sich nun die Halde hinunter. Unverhofft stehen wir an der Glatt und erreichen ennet der Brücke *Hochfelden.*

Zwischen der Martinsmühle und dem Dorfkern mit stattlichen Riegelhäusern floss einst die Glatt. Doch bei der Glattkorrektion hat man den Flusslauf nach Osten verlegt, das alte Flussbett eingedeckt und heute zu einem beliebten Erholungsgebiet mit Weiher, Spielplatz und Ruhebänken umgestaltet.

Den gelben Rhomben nach durchqueren wir das Dorf und gelangen bei einem kleinen Biotop zum Wald. Geradeaus steigen wir auf die Höhe des bewaldeten Moränenrückens, wo wir die Route 20, die von Niederglatt nach Glattfelden führt, kreuzen. Am Waldrand schwenken wir nach links und umgehen, mehr oder weniger der Waldgrenze entlang, die stille Geländekammer, in die der einsame Hof Rotenbrunnen eingebettet ist.

Beim Waldaustritt an der Steighalden blicken wir über die fruchtbare Ebene von *Windlach*, hinter der sich die Kuppe des Stadler Berges erhebt. Vor uns, dem Hügelfuss entlang, verläuft eine Autostrasse, die sogenannte Kiesstrasse, die eigens für den Transport dieses begehrten Baumaterials aus den grossen Kieswerken von Glattfelden und Weiach erbaut worden ist. Zwischen grossen Beerenkulturen hindurch erreichen wir auf der anderen Seite der Ebene *Windlach*.

Im noch gut erhaltenen Bauerndörfchen Windlach, das zur Gemeinde Stadel gehört, treffen wir inmitten schöner Riegelhäuser (direkt an unserer Wanderroute) auf die ehemalige Zehntenscheune aus dem Jahre 1655 mit ihrem originellen Riegelwerk und einer Inschrift. Prächtig erhalten ist der für diese Gegend einst typische, vorgebaute und überdachte Kellereingang.

Gegenüber dem Restaurant Sternen zweigen wir nach links von der Hauptstrasse ab und erreichen kurz ansteigend einen Moränenhügel. Wir folgen dem Hügelrand und geniessen den Blick über die tieferliegenden Aecker und auf der andern Seite übers Rütifeld nach Raat.

Bald nehmen uns die Waldungen des Aemprig auf, in denen wir auf die Abzweigung ins Dörfchen *Zweidlen* stossen. Wir aber folgen dem Wegweiser «Leuenchopf – Weiach» und wandern auf natürlichem Waldpfad der Geländekante entlang, die durch den im Norden senkrecht abfallenden Deckenschotter geformt wird, zum *Leuenchopf*.

Auf dem Leuenchopf, einem markanten Felsvorsprung hoch über der Rheinebene, sind die Wallanlagen eines Refugiums, einer Fluchtburg aus der Helvetierzeit, noch deutlich sichtbar. Von dieser grandiosen Aussichtskuppel blicken wir auf den Rhein hinunter, hinüber aufs andere Ufer nach Hohentengen in Deutschland, rheinabwärts nach Weiach und weit über Kaiserstuhl hinaus.

In weitem Bogen bringt uns eine bekieste Waldstrasse in einer halben Stunde nach *Weiach* hinunter. Angaben über Weiach und den letzten Wegteil nach *Kaiserstuhl* findet man in Route 19.

BÜLACH. Der Hauptort des gleichnamigen Bezirkes im Unterland, ist eine aufstrebende Stadt mit einem alten, reizvollen Kern innerhalb der einstigen Ringmauern. Zusammen mit der Kirche, deren 70 m hoher, schlanker und weithin sichtbarer Turm über das Dächermeer hinaussticht, bildet das Rathaus mit dem eigenwilligen Treppengiebel und der prächtigen Riegelfassade den Mittelpunkt des alten Städtchens. Von den vielen tadellos unterhaltenen Fachwerkbauten ist das sogenannte Schirmmacher Huus, einst Pfarr- und Schulhaus, besonders erwähnenswert. Heute dient es der Stiftung Sigristenkeller, die sich für das kulturelle Leben im Städtchen einsetzt, als Werkgalerie.

Die weite, fruchtbare Talebene der Glatt war schon in vorchristlicher Zeit, wie zahlreiche Funde beweisen, ein beliebter Siedlungsplatz. Erstmals urkundlich erwähnt wird «Pullacha» im Jahre 811. Herzog Leopold III. von Oesterreich verlieh 1384 Bülach das Stadtrecht.

Nach dem Bau der Eisenbahnlinien siedelten sich die ersten Industriezweige an, unter ihnen die Glashütte Bülach, die den Ortsnamen mit den grünen «Bülacher Flaschen» im ganzen Land bekannt gemacht hat und heute mit modernsten Produktionsanlagen jährlich an die 113000 Tonnen Glas produziert und verarbeitet.

Erst ab 1960 setzte in Bülach ein gewaltiger wirtschaftlicher Aufschwung ein, nicht zuletzt durch die hervorragende Verkehrslage mit Bahn- und Autobahnanschlüssen. In sieben Fahrminuten erreicht man z.B. den internationalen Flughafen Kloten. Wen wundert es da, wenn das einstmals verträumte Vogteistädtchen zum modernen Regionalzentrum mit vorbildlicher Infrastruktur und rund 14 000 Einwohnern herangewachsen ist.

Bülach

24

Bülach
Glattauen
Glattfelden Station
Laubberg
Zweidlen Station

Abwechslungsreiche Wanderung durch das Naturschutzgebiet Glattauen und auf Gottfried Kellers Spuren über den bewaldeten Laubberg zum Flusskraftwerk am Rhein.

Hinweg	Route	Höhe	Rückweg
	Bülach 🚆 🚌	427 m	3 Std. 15 Min.
25 Min.	Glattbrücke Hochfelden	399 m	2 Std. 50 Min.
1 Std. 15 Min.	Glattfelden Station 🚆 🚌	410 m	2 Std.
2 Std. 15 Min.	Laubberg	487 m	1 Std.
2 Std. 50 Min.	Rheinsfelden	356 m	15 Min.
3 Std. 05 Min.	Zweidlen Station 🚌	368 m	

Hinfahrt:	Mit der S-Bahn S 5 nach Bülach
Rückfahrt:	Mit dem ZVV-Bus 540 nach Glattfelden Station, von dort mit S-Bahn S 5 oder S 22

Die Wanderroute vom Bahnhof *Bülach* durch den Eichenwald der Bannhalden bis zur Brücke vor Hochfelden ist in Route 23 beschrieben.

Von der Hochfeldener Brücke schwenken wir nach rechts in den Glattuferweg ein, der am Fuss des mit schönen Eichen bewachsenen Glatthaldenraines nach Norden führt. Über die nächste Brücke gelangen wir in das neu geschaffene Naturschutzgebiet *Glattauen.*

Als biologischen Ausgleich zu den verschiedenen Glattkorrektionen wurde 1980 nördlich von Hochfelden ein 12,5 ha grosses Auenreservat künstlich geschaffen. Heute präsentiert sich diese Auenlandschaft mit den blumenübersäten Magerwiesen, Gebüschen, dem jungem Wald, Weihern und Kiesbänken in natürlicher Pracht. Auch eine vielfältige Insektenwelt, Schmetterlinge, Vögel und Amphibien finden in diesem Biotop einen reich gedeckten Tisch.

Nach dem Schutzgebiet wechseln wir vor der Herrenwis erneut das Ufer. Der Wanderweg folgt nun den Mäandern der Glatt, wobei sehr schön die Prallhänge an den äussern und die fruchtbaren ebenen Flachufer an den innern Flussbiegungen zu erkennen sind. Bald taucht rechter Hand ein auffallendes, gelbliches Gebäude auf: Es ist das 1976 stillgelegte Flusskraftwerk Burenwiesen, das heute den Elekrizitätswerken des Kantons Zürich (EKZ) als Museum dient. Der gelb markierte Weg führt nun um die nächste Flussschleife und steigt dann nach rechts abbiegend zur Station *Glattfelden* hinauf. Es gibt aber noch eine kürzere, nicht markierte Variante, die wenige Meter nach dem Museum auf einer alten Schwellentreppe direkt zur Bahnstation hinaufführt.

Für den zweiten Teil unserer Wanderung weist uns der gelbe Wegweiser «Laubberg» der Strasse entlang an einer grossen Kiesgrube vorbei zur Strassenbrücke, auf der wir die tiefer liegende Bahnlinie überqueren. Rechts den Hang hinauf, gegen die Wölflishalden, weitet sich der Blick immer mehr: nach Norden übers Eglisauer Feld zum Buchberg, nach Westen in den unteren Teil des Glatttales mit Glattfelden.

Durch den hochstämmigen, prachtvollen Laubwald, der dem Namen «Laubberg» alle Ehre erweist, erreichen wir bei der Forsthütte «Buechenplatz» einen Rastplatz. Hier stossen wir auf den «Gottfried-Keller-Dichterweg», der uns bis an unser Ziel nach Zweidlen begleitet und auf Schautafeln mit Keller-Zitaten des Dichters tiefe Beziehung zu dieser schönen Landschaft festhält:

Es wallt das Korn weit in die Runde
Und wie ein Meer dehnt es sich aus;
Doch liegt auf seinem stillen Grunde
Nicht Seegewürm noch andrer Graus;
Da träumen Blumen nur von Kränzen
Und trinken der Gestirne Schein,
O goldnes Meer, dein friedlich Glänzen
Saugt meine Seele gierig ein!
(Gottfried Keller, Sommernacht)

Beim Hof *Laubberg*, auf dem Hochplateau, geniessen wir eine grossartige Aussicht nach Süden. Unter uns liegt Glattfelden, über dem Wald links erkennen wir den hohen Kirchturm von Bülach, und den Horizont in weiter Ferne bildet der Alpenkranz. Südwestlich dehnt sich die fruchtbare Senke von Stadel, abgeschlossen durch den bewaldeten Stadlerberg.

Hier auf dem Laubberg zweigen die Wanderwege nach Eglisau und Glattfelden ab. Wir wählen den Weg mit dem verlockenden Namen «Paradiesgärtli» und erreichen in einer Viertelstunde diesen schönen Aussichtspunkt am Nordrand des Plateaus.

Naturschutzgebiet Glattauen

Von den Ruhebänken im hübschen Paradiesgärtli aus blickt man auf den Rhein hinunter, hinüber aufs Rafzerfeld und zum Kalten Wangen in Deutschland. Hier mag der Dichter Gottfried Keller oft geweilt haben, wenn er z. B. schrieb: «Da rauscht das grüne Wogenband des Rheines Wald und Au entlang.» Im Felsenhang unterhalb des Rastplatzes befindet sich die «Heidenstube», eine Höhle in der Nagelfluhwand, in der, wie die Sage erzählt, die unbekehrten Alemannen Zuflucht gefunden hätten. Auch Gottfried Keller flocht diese sagenumwobene Höhle in seine Erzählungen ein, wie z. B. in der Wiedersehenszene von Heinrich mit Judith in seinem Roman «Der grüne Heinrich».

Nach dem besinnlichen Halt setzen wir unseren Weg der Bergkante nach fort zur grossen Waldlichtung im Burgacher, wo der steile Abstieg beginnt. Bereits hören wir das summende Generatorengeräusch des Kraftwerkes. Wir überqueren die Bahngeleise unmittelbar neben dem hohen Bahnviadukt, unter dem die Glatt in einen Stollen gefasst und unterhalb des Stauwehrs in den Rhein geleitet wird. Vor der Strasse, an welcher der Gasthof zur alten Fähre steht, steigen wir links eine steile Treppe hinunter und erreichen, den Verkehr umgehend, direkt das Kraftwerk bei Rheinsfelden.

Das Rheinkraftwerk Eglisau wurde 1915/20 durch die Nordostschweizerischen Kraftwerke NOK im Stil eines neubarocken Schlosses erbaut. Sechs Gebäude mussten dem Bau weichen und ihre 55 Bewohner wurden in dem neu angelegten Rheinsfelden am Fusse des Laubberges angesiedelt. Der Rhein ist auf einer Länge von 16 km von Ellikon bis zur Glattmündung gestaut und in einen schmalen See verwandelt worden. Die Stauhöhe beim 114 m langen Wehr, über das ein Fussweg ans deutsche Ufer führt, beträgt 12 m. Die sieben Generatoren erzeugen eine mittlere jährliche Energie von 233 Millionen Kilowattstunden. Gleich neben den Kraftwerkgebäuden sind auf dem «Zweidler Schlossbuck» die Fundamente eines römischen Wachtturmes freigelegt worden. Er diente der Sicherung der Rheingrenze zur Zeit des Kaisers Valentinian I (364–375 n. Chr.) und war ein Glied in der lückenlosen Kette von Wachttürmen zwischen den Kastellen von Stein am Rhein, Zurzach, Kaiser-Augst und Basel.

Durch die Bahnunterführung erreichen wir in wenigen Minuten die Station *Zweidlen.*

25

Bülach
Dättenberg
Rhinsberg
Eglisau

Aufstieg über offenes Bauernland zum Aussichtsturm auf dem Dättenberg und über bewaldete Höhenzüge an den Zürcher Rhein.

Hinweg	Route	Höhe	Rückweg
	Bülach 🚂 🚌	427 m	2 Std. 40 Min.
35 Min.	Nussbaumen	482 m	2 Std. 10 Min.
1 Std.	Petersboden (Aussichtsturm)	518 m	1 Std. 50 Min.
1 Std. 15 Min.	Wagenbrechi	462 m	1 Std. 30 Min.
1 Std. 40 Min.	Rhinsberg	567 m	1 Std. 15 Min.
2 Std. 40 Min.	Eglisau Station 🚂	389 m	

Hinfahrt:	Mit S-Bahn S 5 nach Bülach
Rückfahrt:	Mit S-Bahn S 5 oder S 22

Bei den Wanderweg-Orientierungstafeln hinter den Bus-Haltestellen am Bahnhof *Bülach* finden wir den gelben Wegweiser «Nussbaumen», der uns durch die Fussgängerunterführung auf die Nordseite der Geleiseanlagen weist. Dort folgen wir den gelben Rhomben ein Stück weit der Autostrasse entlang, schwenken dann beim Bahnviadukt nach links und steigen auf einem schmalen Strässchen zwischen den Gebäuden der Motorenfabrik Landert bergwärts.

Durch neuere schöne Wohngebiete gelangen wir auf den beidseits bewaldeten Sattel und schliesslich ins blumengeschmückte, hübsche Dörfchen *Nussbaumen* in einer sanften Mulde des Dättenberges.

Auf dem Bergrücken wandern wir durch hohen Laubwald zum *Petersboden*, einem Rastplatz mit Aussichtsturm.

Vom 25 m hohen, dreieckigen Holzturm aus geniesst man bei klarem Wetter eine phantastische Rundsicht vom leuchtenden Alpenkranz zum Jura und vom Schwarzwald bis Schaffhausen. Für Wissbegierige geben drei Panoramatafeln die Namen der Gipfel und Ortschaften bekannt.

Unser gemächlicher Spaziergang führt weiter auf dem «Römerweg» durch die Waldungen des Höhrains zur *Wagenbrechi*, dem Passübergang von Rorbas nach Eglisau.

Der bedeutsame Name Wagenbrechi stammt aus einer Zeit, als die Pferdefuhrwerke und Kutschen auf dem berüchtigten Übergang an der einstigen Handelsstrasse zwischen dem unteren Tösstal und dem Eglisauer Feld verkehrten. Unsere Wanderroute verläuft auf dem alten Römerweg, der von der Rheingrenze nach Kloten führte. Später zog hier ein Pilgerweg vom Rafzerfeld nach Einsiedeln. Seit dem 6. Dezember 1995 freut sich der Wanderer übers «Samichlaus-Brüggli», das auf der Grenze zwischen Bülach und Rorbas die vielbefahrene Strasse bei der Wagenbrechi überspannt.

Kurz nach der *Wagenbrechi* zweigt der steile Abstieg nach der Tössegg ab. (Route 26) Wir bleiben auf dem Bergrücken. Von einer kleinen Waldlichtung aus biegt ein gelb markiertes Waldsträsschen nach rechts ab, das am Nordhang des Rhinsberges entlang nach *Tössriederen* und von dort nach *Eglisau* führt.

Wir aber nehmen geradeaus den schmalen, steilen Waldpfad in Angriff, der uns auf der Gemeindegrenze Eglisau/Bülach über eine Treppe zur 550 m hohen Kuppe des *Rhinsberges* leitet.

Der Rhinsberg ist wie die umliegenden Höhenzüge Laubberg, Stadlerberg, Buchberg und Irchel von einer 30 bis 60 m mächtigen Schicht Deckenschotter überlagert, die vor rund 70 Millionen Jahren von den Urströmen im Tertiärmeer abgelagert worden ist.

Ein schmales Weglein führt uns an den Rand der im Norden senkrecht abfallenden Nagelfluh, wo bei der «Flüe» ein Rastplatz mit grandiosem Ausblick angelegt ist: tief unter uns das Rheinknie bei der Tössegg. Am nordwestlichen Abschluss des Plateaus, wo der Fussweg in eine Waldstrasse mündet, kann man einen vom Wald überwachsenen grossen Erdwall erkennen.

Dieser künstlich aufgeworfene Wall stammt wahrscheinlich von einer vorchristlichen Fluchtburg. Solche Refugien wurden an exponierten Stellen erbaut und dienten in kriegerischen Zeiten als Schutz für Volk, Vieh und Habe. Ähnliche Anlagen befinden sich auf dem Irchel, dem Stadlerberg und dem Leuenchopf bei Weiach.

Wir umgehen den Wall und erreichen auf dem leicht ansteigenden Waldsträsschen eine grosse Waldwiese, den Oberberg. Hier weist uns eine Orientierungstafel zu den Grundmauern des sogenannten «Harzpfannenhüslis», der einstigen Hochwacht.

Die Hochwacht auf dem Rhinsberg war eine der 23 Hochwachten auf Zürcher Gebiet, die vor allem im Dreissigjährigen Krieg (1618–1648) zur schnellen Mobilisierung der Truppen ausgebaut wurden. Bei gutem Wetter war in einer Viertelstunde der ganze Kanton alarmiert. (Genaueres siehe Route 6, Lägeren Hochwacht)

Auf schmalem Trampelpfad führt uns die gelbe Markierung direkt den Berg hinunter. Beim Verlassen des Waldes blicken wir übers offene Eglisauerfeld und erkennen hinter den Dachfirsten von Seglingen die grosse Fabrikanlage der Forbo AG. Auf asphaltierten Strässchen überqueren wir die Ebene und folgen einem Wiesenweg auf der Westseite der Bahnlinie zur Station *Eglisau.*

«Lothar»-Sturmschäden

26

Bülach Dättenberg Tössegg Ziegelhütte Flaach

Ansprechende Wanderung über den bewaldeten Dättenberg und auf romantischem Uferweg dem Rhein entlang in die Ebene von Flaach.

Hinweg	Route	Höhe	Rückweg
	Bülach	427 m	3 Std. 10 Min.
1 Std.	Nussbaumer Alp	544 m	2 Std. 20 Min.
1 Std. 35 Min.	Tössegg	346 m	1 Std. 30 Min.
2 Std. 35 Min.	Ziegelhütte	349 m	30 Min.
3 Std. 10 Min.	Flaach	362 m	

Hinfahrt:	Mit S-Bahn S 5 nach Bülach
Rückfahrt:	Mit ZVV-Bus 675 nach Rafz und mit S-Bahn S 5 oder S 22 nach Bülach oder mit ZVV-Bus 675 über Henggart oder mit Linie 670 über Buch a. I. nach Winterthur

Für die Wanderung von *Bülach* zur *Wagenbrechi* benützen wir den gleichen Weg, wie er in Route 25 ausführlich beschrieben ist. Etwa 300 m nach dem «Samichlaus-Brüggli», das bei der Wagenbrechi die stark befahrene Strasse überspannt, zweigt unser Weg nach rechts ab. Die rund 450 Stufen zählende Schwellentreppe lässt uns den Steilhang zur *Tössegg* sicher absteigen. Rechter Hand ist der alte, schmale Pfad, der oft auch als Schleikweg diente und bei schlechter Witterung kaum begehbar war, noch deutlich zu erkennen.

Wo die Töss in den Rhein mündet, führt ein Betonsteg zur *Tössegg* hinüber. (Näheres zur Tössegg siehe Route 29)

Aufmerksame Naturbeobachter entdecken bei der Tössegg und am Rheinufer bis zur Thurmündung eigenartige, sanduhrförmig angenagte Bäumchen oder gar durchgenagte dickere Stämme. Dies sind die unverkennbaren Frassspuren von Bibern. 1977 wurden an der Tössegg drei Biber ausgesetzt. Den überall sichtbaren Frassspuren nach zu schliessen, haben sie sich gut eingelebt. Da Biber Nachttiere sind, bekommt man sie kaum zu Gesicht. Ob das Fernziel der Biberaussetzung, die Ausbreitung von der

Thur über den Rhein bis in den Aareraum gelingen wird, hängt davon ab, ob der Mensch den putzigen Auenbewohnern genügend arttypische Lebensräume zur Verfügung stellt.

Unser Weg flussaufwärts führt hinter dem Gasthof Tössegg weiter zu den Bootsplätzen. Der folgende Wegabschnitt ist wohl einer der reizendsten dem Rhein entlang. In leichtem Auf und Ab, stellenweise hart über dem Wasserspiegel des ruhig dahinziehenden Stromes, über viele kleine Stege und Wasserdurchlässe ist er geschickt in den bewaldeten Steilhang der Niklaushalden eingefügt. In den hohen Baumwipfeln horsten in der Sommerzeit die Fischreiher. Kurz vor dem Waldaustritt grüssen über den Rhein die Dächer von *Rüdlingen,* und vor uns entdecken wir zwischen den Bäumen hindurch den markanten Treppengiebel einer Scheune der *Ziegelhütte.*

Das gepflegte Gasthaus Ziegelhütte, der Name stammt von einer einstigen Ziegelbrennerei, bildet mit den landwirtschaftlichen Gebäuden zusammen eine prachtvolle Anlage. Gleich auf der andern Strassenseite befinden sich zwei kleine Pumpwerke. Die vor uns sich ausdehnende, landwirtschaftlich genutzte Niederung liegt bis zu drei Meter unter dem Wasserspiegel des Rheins, der durch das Kraftwerk Eglisau bis zur Thurmündung gestaut ist. Wir sehen hier einen einzigartigen «Polder» vor uns, wie man ihn von Holland kennt, aus dem das Wasser in den Fluss hinaufgepumpt werden muss.

Nach den Pumpwerken folgt unser Wanderweg dem starken Damm des Flaacher Baches. In der entwässerten Ebene dehnen sich Strauchkulturen der Firma Hauenstein, später Getreide-, Tabak- und Spargelfelder. Etwa 300 m nach der Kläranlage überschreiten wir den Bach und erreichen das Dorf *Flaach.*

Flaach, zwischen Irchel, Rhein und Thurmündung gelegen, hat seinen Namen nicht etwa von der flachen Landschaft, sondern vom Adelsgeschlecht «von Flacho». Das Schloss Flaach am nördlichen Dorfrand wurde 1612 als Obervogteisitz errichtet. Das hübsche Dorf weist mehrere stattliche Bauten auf: das Gasthaus zum Engel, das prächtig renovierte Wirtshaus zur Alten Post aus dem 17. Jahrhundert, die Untermühle von 1598 und die Gebäudegruppe der Oberen Mühle, wo man ein geruhsam sich drehendes Mühlrad bestaunen kann. Weitherum bekannt sind die Flaacher Spargeln, die im Frühling in den ortsansässigen Gasthäusern serviert werden.

27

Bülach
Dättenberg
Rorbas, Freienstein
Irchelturm
Buch am Irchel
Dorf, Andelfingen

Vom Bezirkshauptort Bülach im Glatttal über den sanften Dättenberg ins Tösstal, zum Aussichtsturm auf dem Irchel und durch prächtiges Bauernland zum Bezirkshauptort Andelfingen im Thurtal.

Hinweg	Route	Höhe	Rückweg
	Bülach	427 m	5 Std. 15 Min.
1 Std. 10 Min.	Rorbas	361 m	3 Std. 55 Min.
2 Std. 45 Min.	Irchelturm	665 m	2 Std. 50 Min.
3 Std.	Buch am Irchel	534 m	2 Std. 25 Min.
4 Std. 15 Min.	Dorf	426 m	1 Std. 10 Min.
5 Std. 15 Min.	Andelfingen	399 m	

Hinfahrt:	Mit S-Bahn S 5 nach Bülach
Rückfahrt:	Mit S-Bahn S 33 nach Winterthur

Nach den Bushaltestellen in *Bülach* wählen wir aus dem reichen Angebot von Wanderrouten den gelben Wegweiser «Rorbas – Irchelturm». Er leitet uns durch eine Unterführung auf die Nordseite des Bahnhofs bis zur Eisenbahnbrücke und dann an der Motorenfabrik Landert vorbei dem Bahndamm entlang. Nun zweigt unter der Bahnlinie durch die Route 28 nach Eschenmosen ab. Wir bleiben links der Bahnlinie und steigen bergwärts, an der Landwirtschaftlichen Schule Unterland und später am Pfadiheim «Seldwylerhus» vorbei.

Mit dem Aufstieg weitet sich die Sicht über die Stadt Bülach und das Glatttal bis hinüber zu den Höhenzügen der Lägeren und des Stadlerberges. Bald erreichen wir den flachen Rücken des *Dättenberges.* Der Abstieg führt über einen steilen Waldweg, der teilweise als Hohlweg aus dem Molassesandstein ausgefahren ist: ein Hinweis auf eine uralte Verkehrsverbindung. Vor dem Überqueren der geteerten Strasse öffnet sich das erste Mal der Blick ins unterste Tösstal, auf die Dörfer Rorbas und Freienstein und den gegenüberliegenden Irchel. Die Fortsetzung unseres Abstiegs führt über die Anhaldenstrasse einer Tobelkante folgend hinunter nach *Rorbas.*

Der Name Rorbas (mundartlich Rorbis) wird auf den Schnitt der Schilfrohre im ehemaligen Sumpfgebiet zurückgeführt. Baulich muss Rorbas als Einheit mit der benachbarten Gemeinde Freienstein gesehen werden. Durch die so genannte «Römerbrücke» über die Töss sind die beiden Ortschaften miteinander verbunden. Der malerische, dreijochige Tuffsteinbau mit gegen die Mitte ansteigender Fahrbahn wurde von Johannes Volkert 1806/08 erbaut und gilt als eine der ältesten Steinbrücken im Kanton Zürich.

Auf der Dättlikerstrasse, die sich zuerst dem Burghügel anschmiegt, verlassen wir das Bauerndorf *Freienstein* und erreichen das Jugendheim «Wohnschule Freienstein».

Der Zugang zur Burgruine Freienstein erfolgt über den Hof des Jugendheims, das bereits 1838 gegründet wurde. Die Ruine des Wehrturms der einstigen Feste der Freiherren von Tengen wurde durch den Einbau einer Treppe und eines Umganges zu einem Aussichtsturm ausgestaltet.

Stets bergwärts ansteigend treten wir nach dem Hof Rüedi in den Wald und erklimmen am Schluss auf schmalem, steilem Weg die Kante der Hochterrasse. Die gelben Wegweiser «Irchelturm» leiten uns sicher durch den prächtigen Mischwald zum beliebten Ausflugsziel.

Ein erster Turm auf dem 665 m hohen Irchelsporn beim Heerenbänkli wurde schon 1930 gebaut. Die heutige Metallkonstruktion stammt aus dem Jahre 1983 und bietet von einer 28m hohen Aussichtsplattform aus eine wundervolle Fernsicht nach den Vulkankegeln des Hegaus, dem Randen und dem Schwarzwald.

Unser Abstieg nach Andelfingen führt zunächst über eine Treppe und dann auf guter Waldstrasse nach *Buch am Irchel* hinunter.

Das erste Bauernhaus, das wir treffen, heisst «die Baracke». Es ist das ehemalige Jägerhaus von Oberst Salomon Hirzel, dem letzten Gerichtsherrn von Wülflingen, der 1767 wegen seiner Schuldenwirtschaft hierher flüchten musste. Nordseits des Dorfes liegt der bewaldete Stammberg. Dort steht die 300 Jahre alte Blutbuche, der Wappenbaum der Gemeinde Buch, mit einem Stammumfang von über 3 m. Der sehr altersschwache Riese ist eine botanische Rarität: obwohl seine Blätter grün spriessen, verfärben sie sich unter Lichteinfluss rot. Der Sage nach sollen auf diesem Platz vier Brüder während einer Hungersnot um den Besitz einer Maus gestritten und einander getötet haben.

Auf der Irchelstrasse verlassen wir das Dorf ostwärts und biegen nach etwa 300 m in einen aussichtsreichen Flurweg ein, der uns meist dem Waldrand entlang nach *Desibach* geleitet. Wir ziehen weiter abwärts durch eine kurzweilig gegliederte Bauernlandschaft mit Wiesen, Aeckern, Hecken und kleinen Waldparzellen nach *Dorf.* Der im östlichen Abschluss des Flaachtales gelegene Ort wird überragt vom Schloss und Weingut Goldenberg mit seinem mittelalterlichen Wehr- und Wohnturm. Zwischen Forenbuck und Schwerzenberg steigen wir leicht aufwärts und treffen im Wald auf den «Volkener Chileweg». Dieser führt uns längs einer Geländekante und durch ein Bachtobel zum Bahndamm. Vorsichtig überschreiten wir das Geleise und gelangen durch ein neueres Wohnquartier in den Bezirkshauptort *Andelfingen.* (Heimatkundliches siehe S. 148).

O Täler weit, o Höhen,
o schöner, grüner Wald,
Du meiner Lust und Wehen
Andächtiger Aufenthalt!

Joseph von Eichendorff

Wiesenrispengras

28

Bülach
Eschenmosen
Haumüli
Embrach

Angenehme Halbtageswanderung vom Glatttal über den Dättenberg ins untere Tösstal zum interessant gestalteten Naturschutzreservat Haumüli.

Hinweg	Route	Höhe	Rückweg
	Bülach 🚂 🚌	427 m	1 Std. 30 Min.
50 Min.	Eschenmosen	525 m	50 Min.
1 Std. 15 Min.	Haumüli (Naturschutzreservat)	400 m	10 Min.
1 Std. 25 Min.	Embrach Station 🚂 🚌	423 m	

Hinfahrt:	Mit S-Bahn S 5 nach Bülach
Rückfahrt:	Mit S-Bahn S 41 zurück nach Bülach oder ZVV-Bus 520 nach Kloten

Beim Bahnhof *Bülach* orientieren wir uns an den Wanderwegtafeln hinter den Bus-Haltestellen. Der Wegweiser «Eschenmosen – Haumüli» weist uns durch die Unterführung auf die Nordseite der Geleise. Nun folgen wir der Autostrasse bis zum Bahnviadukt und schwenken nach links in ein Strässchen zwischen der Maschinenfabrik Landert und dem Bahndamm. Die gelben Wegweiser führen uns weiter unter der Bahnbrücke der Dättenberglinie hindurch, dem Bahndamm entlang zum idyllischen Stadtweiherpark mit dem kleinen, gepflegten Tiergarten und den Kinderspielplätzen. Wir wandern dem Setbach nach aufwärts, an den Sportanlagen der Kantonsschule vorbei über fruchtbares Wiesen- und Ackerland zum bäuerlichen Weiler *Eschenmosen* hinauf.

Am Waldrand oberhalb des Dörfchens geniessen wir auf einer Ruhebank neben einem schönen Findlingsbrunnen den weiten Blick über den Bezirkshauptort Bülach ins Glatttal hinunter. Vom Rastplatz aus folgen wir etwa 100 m der asphaltierten Strasse nordwärts, biegen dann nach rechts ab und wandern dem Wald entlang über den flachen Bergrücken.

Der etwas steile Abstieg über den bewaldeten Illingerberghang führt auf einem schmalen Trampelpfad ins Tösstal hinunter. Da dieser stellenweise

Haumüli

von Kräutern, Stauden und Jungholz fast überwachsen ist, muss man den gelben Wegweisern seine volle Aufmerksamkeit widmen. Vorsicht ist geboten beim Überqueren der Verbindungsstrasse Bülach – Embrach. Bald darnach treten wir auf unserem Wanderweg direkt ins kleine Naturparadies der *Haumüli* ein.

Von der Haumüli aus steigt man den Muldenrand hinauf, überschaut zum Abschied nochmals die reizvolle Naturoase und erreicht in wenigen Minuten die Bahnstation *Embrach.*

Das Naturschutzreservat Haumüli liegt in einer weiten Geländemulde, durch die sich der Wildbach windet. Inmitten von mächtigen Einzelbäumen, Waldflächen, Hecken und Blumenwiesen steht die stattliche Haumüli mit Wohnhaus, Sägerei und Scheune. Der stark verlandete Stauweiher ist von verschiedenen Lebensräumen für seltene Pflanzen- und Tierarten umgeben. Durch das Naturschutzgebiet, 1989 von der «Pro Natura Zürich» geschaffen, führt ein Naturlernpfad mit schön gestalteten Informationstafeln. Ein grosser Rastplatz neben dem prachtvollen Riegelbau der Mühle mit Feuerstelle, Ruhebänken, Tischen und Brunnen lädt zum Verweilen ein.

29

Embrach
Rorbas
Tössegg
Eglisau

Mühelose Wanderung ohne grosse Höhenunterschiede zur Mündung der Töss in den Rhein und diesem entlang zum reizvollen Städtchen Eglisau.

Hinweg	Route	Höhe	Rückweg
	Embrach Station 🚆 🚌	423 m	2 Std. 25 Min.
20 Min.	Rorbas 🚌	361 m	2 Std.
1 Std. 10 Min.	Tössegg ⛴	346 m	1 Std. 10 Min.
2 Std. 20 Min.	Eglisau Station 🚆 ⛴	389 m	

Hinfahrt:	Mit S-Bahn S41 oder ZVV-Bus 520 ab Kloten
Rückfahrt:	Mit S-Bahn S5, S22 oder S41

Durch eine Unterführung westlich der Station *Embrach* gelangen wir auf die Nordseite der Geleise, und wenig später überqueren wir auf einer rollstuhlgängigen Fussgängerbrücke die stark befahrene Autostrasse Winterthur – Basel. Den 1974 erbauten, weitläufigen Gebäudekomplex des Psychiatrie-Zentrums Hard umgehen wir auf der Ostseite. Etwas steil senkt sich der steinige Weg zur Töss hinunter zu einem alten, hübschen Wohnquartier von *Rorbas.* (Heimatkundliches siehe Route 27)

Auf dem gegenüberliegenden Tössufer fallen uns die grossen Fabrikgebäude einer einstigen Spinnerei auf. Sehenswert ist der alte Gasthof «zum Adler», ein prächtiger Riegelbau aus dem Jahre 1748, der einst an der Durchgangsstrasse lag. Am hübschen Fachwerkbau des Gemeindehauses vorbei und später durch die Fabrikanlage einer früheren Seidenspinnerei verlassen wir Rorbas und überqueren die Töss.

Vom Schwimmbad aus führt der Wanderweg auf einem einstigen Talboden der Töss ebenaus an grossen Gemüsekulturen vorüber. Bei Schiessbetrieb müssen wir bergwärts auf schmalem Flurweg die Schusslinie umgehen. Dieser kleine Umweg lohnt sich dank schönem Ausblick auf Tal und Dorf in jedem Fall. Schon bald treffen die beiden Wege wieder zusammen, und wir wandern weiter durch wilden Wald oberhalb des Flusses und später dem Rebgelände entlang zum Widenhof. Nach links führt uns ein Wiesenweg direkt zur *Tössegg.*

Bei der Tössegg mündet die Töss in den Rhein, der zwischen Irchel, Rhinsberg und Buchberg in einer markanten Biegung hindurchfliesst. Der Rastplatz am Rheinknie, direkt an der Tössmündung, der hübsche Landgasthof mit seiner prachtvoll gelegenen Gartenterrasse und der Landesteg der Rheinschiffe, die nach Eglisau oder Rüdlingen und Ellikon fahren, machen die Tössegg zu einem beliebten Ausflugsziel. An Wochenenden führt hier eine Fähre über den Rhein zur schaffhausischen Enklave Buchberg und erlaubt so dem Wanderer, seine Route am rechten Rheinufer, sei es nach Eglisau oder Rüdlingen, fortzusetzen.

Bereits die Römer hatten hier auf der Anhöhe oberhalb des Gasthofes einen ihrer Wachttürme aufgestellt. Er wurde unter Kaiser Valentinian I. (364–375 n. Ch.) zur Sicherung der Rheingrenze zwischen Untersee und Basel errichtet und mit Wall und Graben umgeben.

Wir wenden uns nun rheinabwärts, überqueren auf einem massiven Fussgängersteg die Töss und wandern am Rheinbord dem Fluss entlang nach *Tössriederen.* Mitten in der zu Eglisau gehörenden Siedlung mit ihren schmucken Riegelbauten zweigen wir nach rechts ab und ziehen auf der Kante des bewaldeten Flussbordes weiter nach Eglisau. Bei den ersten neuen Wohnbauten zeigt ein Wegweiser nach links direkt zum Bahnhof. Viel reizvoller aber ist der Abstieg zum Rhein hinunter an die Stelle, wo sich einst das stolze Eglisauer Schloss erhob und die alte Holzbrücke zum Städtchen hinüberführte. Auf den Ruhebänken am Ufer geniessen wir den Blick über den ruhig dahinfliessenden Strom hinweg zur malerischen Häuserfront des Städtchens, die im Osten von der trutzigen Kirche abgeschlossen wird.

Nach dieser besinnlichen Pause folgen wir den gelben Rhomben an der alten Schlossbrücke vorbei zum heutigen Rheinübergang hinauf. Will man das Städtchen noch besuchen, überquert man die Brücke; zur Station *Eglisau* wechselt man durch eine Unterführung die Strassenseite und steigt die Bahnhofstrasse hinauf.

Routen 30 31 32 33 34 35 36 37 38
Neunkirch
Unterneuhaus
Stn Wilchingen-Hallau
Ergoltingerh
Trasadingen
Wilchingen
Haslach
Wannenberg
Neuwelt
Sunnehof
Osterfingen
Rossberg
Erzingen
Bad
Wangental
Radegg
Nappberg
Weisweil
Albführen
Balltersweil
Hardtwald
Eck
Häuserhof
Klettgau
Griessen
Eichberg
Berwangen
Riedern a. Sand
Schwarzbach
Dettighofen
Birnberg
Oberhof
Bühl
Buchenloo
Hüslihof
Kalter Wangen
Wil (ZH)
Reutehof
Gnüll
Wasterkingen
Hüntwangen
Eck
Stetten
Stn Hüntwangen-Wil
Günzgen
Herdern
Rheinsfelden
Hohentengen
am Hochrhein
Stn Zweidlen
Lätten
Laubberg
Rhein
Aarüti
4 km
30
31
32
33
37
38

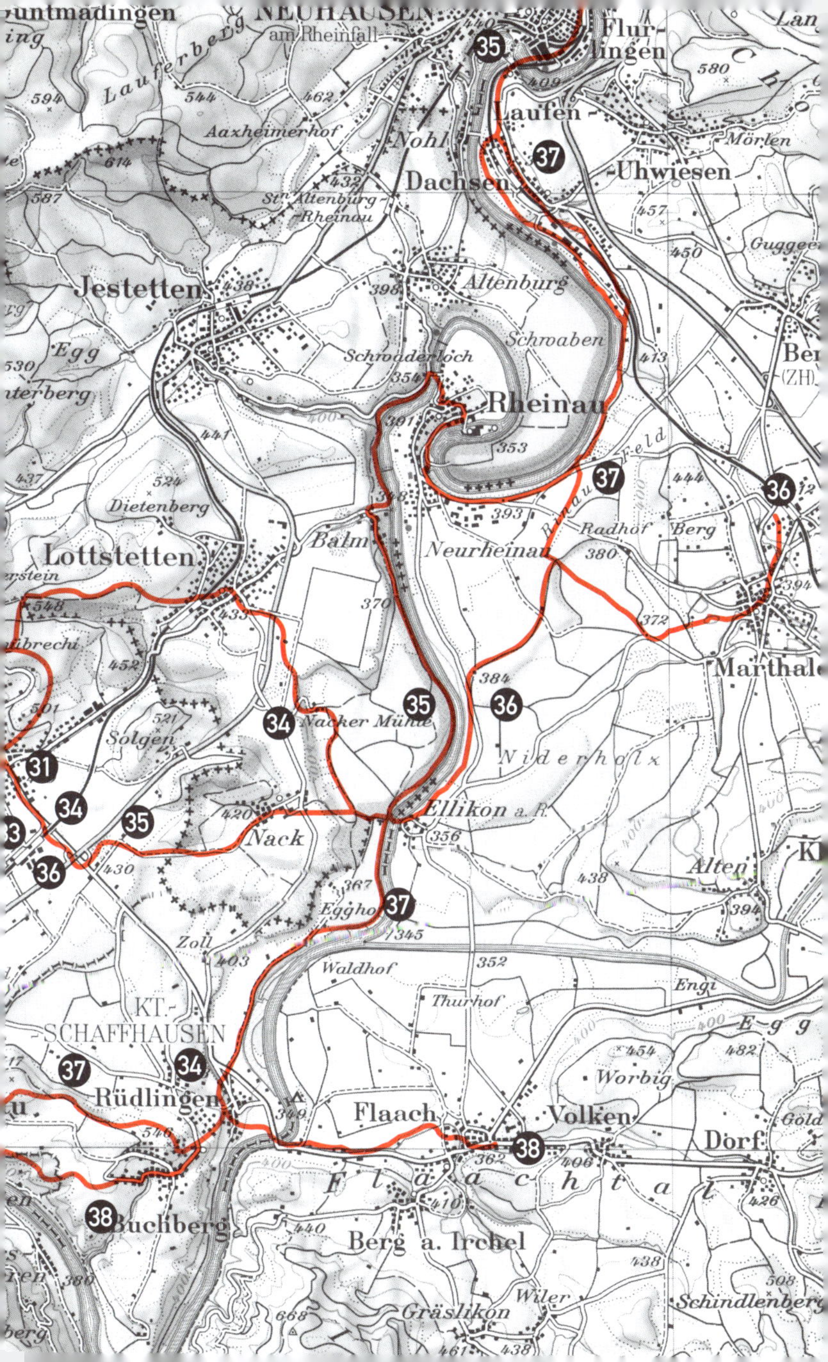
Neuhausen am Rheinfall
Flurlingen
Lauferberg
Laufen
Uhwiesen
Mörlen
Aaxheimerhof
Nohl
Dachsen
St. Altenburg-Rheinau
Jestetten
Altenburg
Schwaben
Schwaderloch
Rheinau
Egg
Rheinau Feld
Dietenberg
Radhof
Berg
Balm
Neurheinau
Lottstetten
Marthalen
Nacker Mühle
Solgen
Niderholz
Ellikon a. R.
Nack
Alten
Egghof
Zoll
Waldhof
Thurhof
Engi
KT. SCHAFFHAUSEN
Egg
Worbig
Rüdlingen
Flaach
Volken
Dorf
Flaachtal
Buchberg
Berg a. Irchel
Wiler
Schindlenberg
Gräslikon
31
33
34
35
36
37
38

30

Eglisau
Rheinsfelden
Kraftwerk Eglisau
Kaiserstuhl

Beschauliche, ebene Halbtageswanderung dem bewaldeten Steilufer des Rheins entlang.

Hinweg	Route	Höhe	Rückweg
	Eglisau Station 🚂	389 m	2 Std. 15 Min.
1 Std.	Rheinsfelden Kraftwerk Eglisau ⛴	356 m	1 Std. 20 Min.
2 Std. 05 Min.	Kaiserstuhl Brücke	339 m	10 Min.
2 Std. 15 Min.	Kaiserstuhl Station 🚂 🚌	368 m	

Hinfahrt:	Mit S-Bahn S 5, S 22 oderS 41 nach Eglisau
Rückfahrt:	Mit S-Bahn S 41

Vom Bahnhof *Eglisau*, der sich ausserhalb des Städtchens befindet, wandern wir durch die prachtvolle Kastanien-Allee hinunter, queren die Autostrasse und biegen direkt nach dem Gasthof Rheinfels nach links in den Uferweg dem Rhein entlang ein. Im Südwesten erkennen wir die Gebäude der Mineralquelle Eglisau. Kurz vor dem grossen Eisenbahnviadukt senkt sich der Weg das steile Rheinbord hinunter.

> Die imposante Brückenkonstruktion wurde 1895/97 erbaut. Die 20 schlanken Stützpfeiler aus Lägerenkalk und der dazwischen gespannte 90 m lange Eisenfachwerkträger überspannen den Rhein in 60 m Höhe.

Unter den hochaufragenden Brückenbogen hindurch erreichen wir einen Rastplatz mit Feuerstelle direkt am ruhig dahinziehenden Rhein. Unser lauschiges Weglein steigt später wieder auf die Ebene hinauf. Ein guter Fussweg folgt dem Gebüschrand, von wo aus wir auf einer Schilfinsel im Rhein mit etwas Glück zahlreiche Wasservögel beobachten können. Kurz nach dem Bootssteg, wo während des Sommers die Kursschiffe nach Eglisau starten, erreichen wir *Rheinsfelden*.

Vor uns erheben sich die mächtigen Schleusen und das Maschinenhaus des Kraftwerks Eglisau. (Näheres siehe Route 24) Beim bekannten Landgasthof «zur alten Fähre» umgehen wir den gelben Rhomben nach die Autostrasse bis zum Maschinenhaus des Kraftwerks. Eine Treppe führt uns an den Rhein hinunter, wo wir die niederstürzenden Wassermassen bestaunen können.

An den Grundmauern eines römischen Wachtturmes vorbei (siehe Route 24) steigt die Strasse nun leicht an, bis wir in den Hangwald einbiegen. Von der Hütte des Pontonierfahrvereins Eglisau aus folgt ein reizender, schmaler Fussweg, der in stetem Auf und Ab nahe dem Wasser rheinabwärts führt. Nach etwa einer halben Stunde queren wir den «Kaigraben». (Er wurde in den Kämpfen der Franzosen gegen die Österreicher und Russen 1799 als Tierfriedhof benutzt.) Von einem Rastplatz mit Ruhebänken aus geniesst man einen schönen Blick auf die Kirche von Hohentengen am gegenüberliegenden deutschen Ufer.

Die 1954 nach einem Brand wieder aufgebaute Kirche mit ihrem markanten Käsbissenturm war eines der ersten Gotteshäuser am Oberrhein. Viele Dörfer beidseits des Rheins gehörten zu ihrem Kirchensprengel, so auch Glattfelden, Weiach und Kaiserstuhl.

Nun überschreiten wir beim tiefsten Punkt des Kantons Zürich (332 m ü. M.) die zürcherisch-aargauische Grenze, und über einen Promenadenweg mit Bänken am Rheinufer erreichen wir die Zollbrücke in *Kaiserstuhl.* (Heimatkundliches siehe Route 13)

Vielleicht stärken wir uns auf der Rheinterrasse des Restaurants «Alte Post», bevor wir die steile Hauptstrasse durch das hübsche, mittelalterliche Städtchen zur Bahnstation *Kaiserstuhl* in Angriff nehmen.

Einmal sehen ist besser als hundertmal hören.

Chinesisches Sprichwort

Eglisau

EGLISAU. Das mittelalterliche Städtchen Eglisau liegt am steilen Ufer des Zürcher Rheins, eingebettet in besonnte Rebhalden und stellt ein Kleinod dar, das eines der schönsten Städtebilder des Kantons Zürich bewahrt hat. Die Brückenstadt verdankte ihre Bedeutung dem Verkehr auf der alten Heerstrasse von Schaffhausen nach Zürich und dem Schiffsweg vom Rheinfall nach Basel.

Gegründet wurde das Städtchen in der Mitte des 15. Jahrhunderts von den Herren von Tengen, die auf der andern Flussseite, in den Auen von Seglingen schon vorher ihre Burg errichtet hatten. Stadt und Schloss verband eine Holzbrücke. Aus der Bezeichnung «ze Siglingens Owe» wurde «z' Eglins Owe» und schliesslich der heutige Name Eglisau. 1496 erwarb der aufstrebende Stadtstaat Zürich von den Freiherren von Gradner die Herrschaft Eglisau und errichtete eine Landvogtei mit Sitz im Schloss.

Eglisau hat sein mittelalterliches Stadtbild mit seinen drei geschlossenen Häuserzeilen von stattlichen Bürgerhäusern mit hohen Giebeln und romantischen Lauben bis heute vortrefflich erhalten können. In einem der schönsten Weinbauernhäuser der Region, dem Weierbach-Haus aus dem Jahre 1760, ist das Ortsmuseum eingerichtet. Die weisse barocke Kirche mit den spätgotischen Fresken im Chor und ihrem Turm aus Tuffstein bildet gegen Osten den Abschluss der reizvollen rheinseitigen Stadtsilhouette.

Ein markantes Bauwerk ist der 460 m lange und 60 m hohe Eisenbahnviadukt, der 1895/97 von der damaligen Nordostbahn über den Rheineinschnitt gespannt wurde. Einen noch bedeutenderen Eingriff ins Landschaftsbild brachte Ende des ersten Weltkrieges der Bau des Kraftwerkes Eglisau. Durch die Stauung erhöhte sich der Wasserspiegel des Rheins um 8 m. Die alte Häuserzeile der Rheingasse östlich der Kirche, das alte Salzhaus und die 100-jährige, gedeckte Holzbrücke mussten geopfert und eine neue Strassenbrücke erstellt werden.

Neben verschiedenen Handwerksbetrieben haben sich in dem 2500 Einwohner zählenden Eglisau zwei Industriebetriebe zu Unternehmen von nationaler Bedeutung entwickelt: die Mineralquelle Eglisau AG, deren vier Quellen täglich 430 000 l Mineralwasser zu Tage fördern, und das Beschichtungswerk der Forbo – Stamoid AG.

Das vielbesuchte Eglisau ist auch Ausgangspunkt von lohnenden Schiffsfahrten, rheinaufwärts zur Tössegg und nach Rüdlingen, rheinabwärts zum Kraftwerk in Rheinsfelden.

31

Eglisau
Wasterkingen
Höhenweg
Gnal
Rafz

Auf waldigen Höhen rings um das Rafzerfeld mit wechselweiser Aussicht nach Norden und Süden – kühl und erholsam im Sommer, malerisch im Herbst.

Hinweg	Route	Höhe	Rückweg
	Eglisau Station	389 m	3 Std. 45 Min.
1 Std. 20 Min.	Wasterkingen	393 m	2 Std. 25 Min.
1 Std. 55 Min.	Forsthütte Huebholz	543 m	2 Std.
3 Std. 30 Min.	Gnal	500 m	30 Min.
4 Std.	Rafz Station	423 m	

Hinfahrt:	Mit S-Bahn S 5 oder S 22 nach Eglisau
Rückfahrt:	Mit S-Bahn S 5, S 22 nach Eglisau oder mit PTT-Bus 675 nach Winterthur

Von der Station *Eglisau* aus lenken wir unsere Schritte durch die alte Kastanien-Allee abwärts zur steinernen Brücke über den Rhein, auf der man eine der schönsten Ansichten des Städtchens Eglisau geniesst. Nach der Brücke, vor dem neuerstellten Gebäude «Brückenkopf Eglisau» wenden wir uns nach links und schwenken in den Rhiweg ein zum Strom hinunter. Auf gutem Spazierweg, fasziniert vom Blick auf den Rhein, erreichen wir den 60 m hohen Eisenbahnviadukt. (siehe Route 30) Am Rheinbord entdeckt man da und dort die unverkennbaren Frassspuren von Bibern. Nach der Kläranlage Eglisau verlassen wir das Rheinufer, wenden uns dem Waldrand zu und steigen durch ein Waldschutzreservat der Eidgenössischen Technischen Hochschule (ETH) das Rheinbord hinauf. Besonders stimmungsvoll ist der herbstliche Laubwald, wenn das schräg einfallende Sonnenlicht zwischen den dunklen Stämmen mit den farbigen Blättern spielt.

Beim alten Grenzstein Nr. 2 aus dem Jahre 1850 erreichen wir die Landesgrenze und folgen ihr bis zum Waldaustritt. Unvermittelt stehen wir vor den ausgedehnten, tiefen Kiesgruben, die hier rekultiviert werden. (Ausführliches siehe Route 32) Dem Grubenrand entlang gelangen wir nach *Wasterkingen*, dem kleinsten Dorf des Rafzerfeldes. (Heimatkundliches siehe Route 21)

Beim achteckigen Dorfbrunnen aus dem Jahre 1826 können wir als Variante für den Aufstieg zum Höhenweg den Vorschlag in Route 21 über den Büelbrunnen wählen, was unsere Wanderung um eine knappe halbe Stunde verlängern würde. Wir aber streben nach rechts an hübschen Bauernhäusern vorbei, immer bergwärts steigend, direkt zur *Forsthütte Huebholz,* wo wir bei einem Rastplatz mit Feuerstellen auf den Höhenweg stossen.

Nach dem Überqueren der Verbindungsstrasse von Hüntwangen ins badische Bühl treten wir auf eine grosse Lichtung hinaus, die den Blick nach Norden freigibt. Wir erkennen die Dächer von Buchenloo, dem einzigen zürcherischen Weiler jenseits des Berges, direkt an der Landesgrenze gelegen und bereits im Einzugsgebiet der Wutach.

Am Ende der Lichtung, «im Flüestig», öffnet sich die Sicht wieder nach Süden über das Rafzerfeld. Unter uns liegt das Dorf Wil mit der weithin sichtbaren, modernen Kirche. Nach einem Wegstück im Wald treffen wir auf eine weitere Forsthütte mit Rastplatz und Feuerstelle. Kurz darnach kreuzen wir die Route 33, die über die «grüne Grenze» nach Bergwangen und ins schaffhausische Bad Osterfingen führt. In umgekehrter Marschrichtung erreichen wir auf dieser Route über den aussichtsreichen Sonnenberg mit seinen gepflegten Rebbergen die Station *Rafz* in 45 Minuten. Weit interessanter ist es aber, den Höhenweg wie in Route 32 beschrieben fortzusetzen und zum Abschluss die umfassende Aussicht über die Ebene des Rafzerfeldes und die Höhenzüge des Unterlandes von der bewaldeten Kuppe des *Gnal* aus zu geniessen.

RAFZERFELD. Das Rafzerfeld ist eine ausgedehnte Schotterebene von rund 10 km Länge und 1–4 km Breite. Während der letzten Eiszeit ergossen sich die Schmelzwasser des Rheingletschers durch die Ebene und lagerten riesige Mengen von Geröll ab, die Kiesschichten, in die sich heute Bagger der Kiesindustrie kirchturmtief eingraben. Das Wasser versickert rasch in den Schottermassen, doch fliesst in ca. 80 m Tiefe ein gewaltiger Grundwasserstrom, der für die Wasserversorgung des Rafzerfeldes und Eglisau von grosser Bedeutung ist. Die sandig-kiesigen Böden, mit dünner Humusschicht bedeckt, eignen sich vorzüglich für den Getreideanbau. Daher nennt man das Rafzerfeld auch die zürcherische Kornkammer.
Die komplizierten Grenzverhältnisse im Rafzerfeld, nördlich der natürlichen Rheingrenze, stammen aus historischer Zeit. Die Grafen von Sulz übten hier die hohe Gerichtsbarkeit aus und mussten aus Geldnot 1463 Eglisau und 1651 Rafz, Wil, Hüntwangen und Wasterkingen der aufstrebenden Stadt Zürich abtreten.

32

Hüntwangen
Wil
Sonnenberg
Gnal
Rafz

Sonnige, ruhige Wanderung oberhalb der Rebberge mit prachtvoller Aussicht auf die Ebene von Rafz. Besonders empfehlenswert im Herbst zur Weinlesezeit.

Hinweg	Route	Höhe	Rückweg
	Hüntwangen Station 🚂 🚌	391 m	3 Std. 15 Min.
40 Min.	Hüntwangen Dorf 🚌	393 m	2 Std. 35 Min.
1 Std.	Wil Kirche	430 m	2 Std. 10 Min.
1 Std. 40 Min.	Sonnenberg	485 m	1 Std. 30 Min.
2 Std. 25 Min.	Gnal	500 m	45 Min.
2 Std. 50 Min.	Rafz Station 🚂 🚌	423 m	

Hinfahrt:	Mit S-Bahn S 5 oder S 22 zur Station Hüntwangen-Wil
Rückfahrt:	Mit S-Bahn S 5, S 22 oder PTT-Bus 675 nach Winterthur

Von der Station *Hüntwangen-Wil* ziehen wir am grossen Gebäudekomplex der Forbo-Stamoid-Werke vorbei in den Chüesetzi-Wald hinein. Nach dem Waldaustritt stehen wir vor einer durch den Bagger künstlich geschaffenen Landschaft.

Die durch den Kiesabbau entstandenen grossen, tiefen Narben in der Schotterebene wurden hier von den Hüntwangener Kieswerken in ein Musterbeispiel einer rekultivierten Kiesgrube verwandelt. Landwirtschaftlich genutzte flache Böden und Rebberge an den steilen Südflanken wechseln mit ökologischen Ausgleichsflächen wie Trockenwiesen, Feuchtgebieten um einen Weiher, Büschen und Bäumen an den Böschungen, sowie bewusst offen gelassenem Ödland. Nach wenigen Jahren ist das Hüntwangener Tal mit seinen Wander- und Reitwegen, Picknickplätzen und Aussichtspunkten zu einem beliebten Erholungsgebiet geworden.

Wir durchqueren das äusserst interessante Experimentierfeld der rekultivierten Kiesgrube und erreichen *Hüntwangen.* Inmitten der vielen Fachwerkbauten fällt uns ein malerischer Speicher aus dem Jahre 1672 auf. Beim schmucken Gemeindehaus mit seinem Dachreiter, das 1820 als er-

Blick aufs Rafzerfeld vom Gnal

Hier ruht sich's gut, hier halt ich Rast!
Der Wind spielt in den Bäumen;
Da mag manch blütenbehangener Ast
Von künftigen Früchten träumen!

H. Leuthold

stes Schulhaus errichtet wurde, weist uns der gelbe Wegweiser «Wil» nach rechts. Oberhalb der Rebhänge geniessen wir die Sicht übers weite Rafzerfeld. Der angenehme Wanderweg führt weiter dem Waldrand entlang und muss bei Schiessbetrieb einmal für ein kurzes, markiertes Stück nach links velassen werden. Schon von weitem erblicken wir den modernen, massiven Kirchenbau von *Wil.*

Von der Kirche aus kann man ins Dorf absteigen, das durch etliche schöne Dorfbrunnen inmitten malerischer Häusergruppen geschmückt ist. Wir aber folgen dem Wegweiser «Aussichtsweg Sonnenberg» nach links und steigen über die ausgedehnten Weinberge von Wil hinaus. Mehrere Ruhebänke verlocken zum Verweilen und Geniessen der wunderbaren Aussicht übers Rafzerfeld, bei klarem Wetter bis hin zum Alpenkranz.

Vom Sonnenberg aus könnten wir in einer halben Stunde direkt nach Rafz absteigen. Doch viel lohnender ist es, dem Wegweiser «Gnal» zu folgen und die mit Reben bestandene Talmulde von Rafz auf der Höhe nach Osten zu umgehen. Die Aussicht von den Ruhebänken aus unter der uralten Linde auf der Kuppe des Gnals entschädigt den halbstündigen Umweg bei weitem, ja ist die eigentliche Krönung unserer heutigen Wanderung: Unter uns dehnt sich vom Dorf Rafz aus die weite Ebene des Rafzerfeldes. Dahinter liegt der Rheingraben, und anschliessend erheben sich die bewaldeten Höhenzüge des Zürcher Unterlandes.

Den gelben Rhomben nach steigen wir mitten durch die Weinberge ins Dorf *Rafz* hinunter, wo wir beim Restaurant Sternen auf die Route treffen, die direkt vom Sonnenberg hinunterführt. Die Bahnstation ausserhalb des Dorfes erreichen wir am Garten-Center Hauenstein vorbei in einer knappen Viertelstunde.

Das Weinbauerndorf Rafz mit seinen typisch zürcherischen Riegelhäusern hat seinen ländlichen Charakter bewahren können. Besonders schöne Fachwerkbauten sind das Gemeindehaus aus dem Jahre 1730, das reichhaltige Ortsmuseum, die Zehntenscheune und der unter Heimatschutz stehende Gasthof «zum Goldenen Kreuz» von 1645. Mit seiner 23 ha grossen Rebfläche, mehrheitlich mit Blauburgundertrauben angebaut, ist Rafz die fünftgrösste Weinbaugemeinde des Kantons Zürich. Weitherum bekannt ist die seit 1890 bestehende Gartenbaufirma Hauenstein, die auf ihren riesigen Kulturen Obst- und Zierbäume, Beerenpflanzen, Ziersträucher und besonders Rosen züchtet.

33

Rafz
Berwangen
Käppelli
Bad Osterfingen

Eine Wanderung fernab von Ortschaften, durch Wald und über offenes Feld, einige Kilometer durch deutsches Gebiet, vom Rafzerfeld in den Klettgau. (Grenzausweis nötig)

Hinweg	Route	Höhe	Rückweg
	Rafz Station 🚆 🚌	324 m	2 Std. 20 Min.
1 Std. 25 Min.	Berwangen D	510 m	1 Std. 05 Min.
1 Std. 50 Min.	Käppelli	602 m	50 Min.
2 Std. 25 Min.	Bad Osterfingen 🚌	416 m	

Hinfahrt:	Mit S-Bahn S 5 oder S 22 nach Rafz
Rückfahrt:	Ab Osterfingen Dorf SBG-Bus direkt nach Schaffhausen oder zum Bahnhof Wilchingen-Hallau und von dort mit der Deutschen Bahn nach Schaffhausen

Von der Station *Rafz* aus führen uns die gelben Wegweiser am Garten-Center Hauenstein vorbei ins Dorf zum ältesten Dorfteil bei der Kirche. Wir bewundern die prachtvollen Riegelbauten, wie z. B. das um 1811 erbaute Gemeindehaus oder das reichhaltige Ortsmuseum.

Der Wanderwegweiser «Bad Osterfingen» leitet uns an der Kirche vorbei und durch die ausgedehnten Rebhänge hinauf. Linker Hand erhebt sich der Schürlibuck, eine prächtige Aussichtskanzel. Der Blick öffnet sich über Rafz hinweg in die weite Ebene des Rafzerfeldes. Hinter dem Rhein erheben sich die bewaldeten Hügelzüge des Zürcher Unterlandes.

Unser Weg steigt steil den *Sunneberg* hinan auf das Plateau oberhalb der Rebberge. Im Hüsliholz, in dem durch den am Stephanstag 1999 wütenden Orkan «Lothar» hunderte von stattlichen Tannen entwurzelt oder geknickt worden sind, treffen wir auf den Höhenweg Wasterkingen – Gnal – Rafz. (Route 31)

Kurze Zeit später befinden wir uns am Waldrand, blicken über ein bereits zu Deutschland gehörendes Wiesental und überschreiten die «Grüne Grenze». Bald darauf durchqueren wir das Bauerndorf *Berwangen*. Wir

Käppelli ob Berwangen

An der kleinen, renovierten Pilgerkapelle unter der stattlichen Linde stehen wir sinnend vor einer alten Inschrift mit drei gezeichneten gleichen Totenschädeln: «Ihr Vorbeigeher und Schauer sagt mir, wer ist Fürst, Bettelmann oder Bauer?» Wir erfassen die Mahnung des Sinnspruches – die eigenen Grenzen zu erkennen und zu begreifen, dass wir alle gleich sind, wenn der Tod uns heimsucht. Die Kapelle liegt am alten Pilgerweg, dem Jakobsweg, der aus Süddeutschland über Eglisau nach Einsiedeln und schliesslich nach Santiago de Compostela führte.

kreuzen die Durchgangsstrasse Dettighofen – Jestetten und steigen recht steil zu dem auf 600 m Höhe gelegenen *Käppelli* hinauf.

Nach der besinnlichen Rast bei der Kapelle überblicken wir die Weite der herrlichen Landschaft. Wir begeben uns anschliessend auf den Weg, der sich Richtung Norden senkt. Am Rand des Waldes überschreiten wir zwischen zwei Grenzsteinen aus dem Jahre 1839 die «Grüne Grenze» und wandern wieder auf Schweizer Boden einen etwas rauhen Hohlweg hinunter.

Im Gegensatz zur Rheingegend, wo Kies, Sandstein, Mergel und Nagelfluh vorherrschen, treffen wir hier auf geschichtete Kalkfelsen, wie wir sie von der Lägeren und dem nicht mehr fernen Randengebiet her kennen; es sind Gesteine der Juraketten.

Dem Bach entlang, der einst die Mühlräder der Stutzmühle trieb, wandern wir ins Wangental hinunter. Schon erkennen wir in der Ferne unterhalb eines ausgedehnten Rebberges die Dächer von *Bad Osterfingen.* Vom bekannten Gasthof mit seinem Treppengiebel erreichen wir in wenigen Minuten die Bus-Haltestelle in *Osterfingen.*

An einem Sommermorgen,
da nimm den Wanderstab,
es fallen Deine Sorgen
wie Nebel von Dir ab.

Theodor Fontane

34

Rafz
Lottstetten
Fähre Ellikon
Rüdlingen

Grenzüberschreitende Wanderung über einen bewaldeten Höhenzug, durch ein wildromantisches Naturschutzgebiet und stille Auenwälder dem Rhein entlang zum malerischen Dörfchen Rüdlingen.

Hinweg	Route	Höhe	Rückweg
	Rafz Station 🚂 🚌	423 m	3 Std. 20 Min.
40 Min.	Rafzerstein (grüne Grenze)	548 m	2 Std. 50 Min.
1 Std. 10 Min.	Lottstetten 🚂 🚌	433 m	2 Std. 10 Min.
1 Std. 50 Min.	Nacker Mühle	370 m	1 Std. 30 Min.
2 Std. 20 Min.	Fähre Ellikon ⛴	348 m	1 Std.
3 Std. 20 Min.	Rüdlingen 🚌 ⛴	367 m	

Hinfahrt:	Mit S-Bahn S 5 oder S 22
Rückfahrt:	Mit PTT-Bus 675 nach Rafz oder Winterthur

Von der Station *Rafz* aus marschieren wir ins hübsche Riegelbauten-Dorf und steigen nach dem Schulhaus rechts hinauf durch die Reben zum Aussichtspunkt *Gnal.* (siehe Route 32) Während einer kurzen Verschnaufpause auf den Ruhebänken erfreut uns der weite Blick übers ebene Rafzerfeld.

Wir streben nun in nördlicher Richtung dem Wald zu, wo im Lerchenhau nach links der Höhenweg nach Wasterkingen abzweigt. Auf einer guten Waldstrasse erreichen wir nach rechts den *Rafzerstein.* Bei diesem alten Grenzstein mit der Jahreszahl 1728 überschreiten wir die «grüne Grenze» nach Deutschland. In östlicher Richtung durchwandern wir einen ruhigen Mischwald mit wild-begrüntem Boden. Kaum haben wir den Wald verlassen, geniessen wir eine umfassende Aussicht über das Weinland vom Cholfirst bis zum Irchel. Unten im Tal erkennen wir die ersten Häuser von Lottstetten, die alte Hauptstrasse und die Bahnlinie Rafz – Schaffhausen. Ein Flursträsschen führt uns abwärts zum Bahnhof *Lottstetten.* Nach der Unterführung bummeln wir durchs Dorf bis zum Restaurant «Bistro», wo wir nach rechts auf die Nackerstrasse abbiegen. Breite, asphaltierte Flurwege führen über die Umfahrungsstrasse und durch die ebenen Felder. Auf der Höhe einer alten Kiesgrube zweigt eine undeutliche Wegspur durch die Wiesen gegen den Waldrand ab. Kurz darauf erreichen wir das Gasthaus zur *Nacker Mühle.*

Nach dem Weiler wählen wir zur Fähre Ellikon den Weg nach rechts, der uns auf dem «Nägelseeweg» durch ein wildromantisches Naturschutzgebiet mit dicht bewachsenen Nassstandorten und alten, knorrigen Laubbäumen führt. Bei allzu nassen Wegverhältnissen wählt man von der Nacker Mühle aus die im Nordosten verlaufende Parallelroute bis zum Rhein. Auch die beiden Routen 35 und 36 treffen hier von Rafz über Nack kommend ebenfalls zur Landesgrenze bei der *Fähre Ellikon.* (siehe auch Route 36)

Wir bleiben für unsere Wanderung auf dem diesseitigen Rheinufer und können später bei normalen Wasserverhältnissen auf schmalem Uferweg direkt neben dem dahinziehenden Strom abwärts wandern. Rechter Hand bewundern wir die Überreste des alten Rheins, die durch die Korrektion von 1881/97 vom heutigen Flussbett abgetrennt worden sind und entdecken vielleicht frische Nagespuren von Bibern. (siehe Route 26)

Auf der gegenüberliegenden Zürcher Seite des Rheins erkennen wir das Mündungsgebiet der Thur. Nach der «Oberen Insel» müssen wir das romantische Uferweglein verlassen und nach rechts auf die Talterrasse hinaufsteigen, wo wir auf den Wanderweg stossen, der bei Hochwasser benützt werden muss. Ein Feldweg führt uns zum Dorf *Rüdlingen* mit seinen schmucken Riegelbauten und bekannten Gaststätten.

Der «Rafzerstein» an der «Grünen Grenze»

35

Rafz
Nack
Fähre Ellikon
Marthalen

Grenzüberschreitende, abwechslungsreiche Wanderung über Felder, Wiesen und durch schattenspendende Wälder mit Rheinüberquerung auf einer Fähre wie zu Urgrossvaters Zeiten. Personalausweis erforderlich

Hinweg	Route	Höhe	Rückweg
	Rafz Station	423 m	2 Std. 50 Min.
50 Min.	Nack	420 m	2 Std.
1 Std. 15 Min.	Fähre Ellikon	348 m	1 Std. 35 Min.
2 Std. 30 Min.	Marthalen	392 m	15 Min.
2 Std. 45 Min.	Marthalen Station	412 m	

Hinfahrt:	Mit S-Bahn S 5 oder S 22 nach Rafz
Rückfahrt:	Mit S-Bahn S 33 ab Marthalen

Die Orientierungstafel der ZAW am Bahnhof *Rafz* gibt uns einen Überblick des Wandergebietes und unserer grenzüberschreitenden Route. Um die Autostrassen mit ihren Zu- und Abfahrten sicher zu überqueren, halten wir uns strickte an die gelben Markierungen. So erreichen wir an einer alten Kiesgrube vorbei den Hof Grauen und den Waldrand des Grafenhau, wo noch ein altes Zollhäuschen steht. Wir durchqueren den Wald und überschreiten beim deutschen Zollhäuschen die «Grüne Grenze». Über offene Felder mit grossen Golfanlagen gelangen wir nach *Nack.* Einige stattliche Treppengiebel-Häuser erinnern an die Zugehörigkeit zum Kloster Rheinau.

Am Dorfausgang schwenken wir nach rechts. Nach den Golfplätzen mit dem Clubhaus senkt sich der Weg auf der «Nackersteige» durch ein Naturschutzgebiet auf die untere Talebene. Auf breitem Waldweg gelangen wir bei den alten Marksteinen von 1839 zwischen dem Grossherzogtum Baden (GB) und dem Canton Schaffhausen (Csch) an die «Grüne Grenze» beim Rhein.

Wir steigen zur Landestelle der Fähre hinunter, wo wir mit einer Glocke die Fähre herüberrufen können. (Fährbetrieb April – Oktober) Das Fähr-

Ellikon am Rhein

boot ist an einer Seilrolle befestigt und bringt uns wie zu Urgrossvaters Zeiten ohne Motor nach *Ellikon am Rhein* hinüber.

Das idyllische, kleine Fischerdorf Ellikon erlangte einst grosse Bedeutung als die Zürcher zur Umgehung des Schaffhauser Zolls das aus dem Salzkammergut stammende Salz in Stein am Rhein oder Diessenhofen vom Schiff auf Fuhrwerke verluden und über Marthalen auf dem Salzweg nach Ellikon transportierten. Der grösste Teil des Salzes fuhr auf Weidlingen rheinabwärts bis Eglisau, von wo aus es dann wieder mit vierspännigen Fuhrwerken nach Zürich und in die Innerschweiz gefahren wurde.
Heute ist Ellikon mit seinem für Fischmenüs berühmten Gasthof zum «Schiff» ein vielbesuchtes Ausflugsziel. Unter dem Laubdach der Gartenwirtschaft, die zum 1451 erbauten Gasthof gehört, lässt sich neben dem ruhig dahinziehenden Strom prächtig träumen. An der Hausmauer sind die Hochwasserstände der letzten 100 Jahre markiert, sowie der aktuellste von 1999.

Wir wandern nun weiter rheinaufwärts. Der Weg, der gleiche wie Route 37, folgt zuerst direkt dem Wasser entlang und steigt dann am Prallhang in den Wald hinauf, von wo aus wir die schöne Sicht auf die Stromlandschaft geniessen. Im Strick verlassen wir den Uferweg und folgen dem Wegweiser «Dachsen / Marthalen» den Hang hinauf zur Römerwarte.

Auf dem Strickboden befinden sich die restaurierten Grundmauern eines römischen Wachtturmes aus dem 4. Jahrhundert n. Chr., der Zeit des Kaisers Valentinians I. Der Turm gehörte mit etwa 30 weiteren Warten zwischen Konstanz und Basel zur Grenzbefestigung gegen die herandrängenden Alemannen.

Nach der Autostrasse steigen wir einen weiteren einstigen Uferhang hinan und wandern auf ebenem Waldweg durch einen ausgedehnten Eichen- und Föhrenwald. Nach einem Rastplatz mit Feuerstelle treffen wir auf eine Wegkreuzung, wo der gelbe Wanderwegweiser «Marthalen» uns nach rechts den Hang hinunter durchs Radholz führt.

Das Niderholz, die grosse zusammenhängende Waldfläche zwischen Ellikon und Marthalen, ist ein so genannter Mittelwald mit lichtdurchlässigem Kronendach von grossen, prachtvollen Eichen und Föhren und einem aus Stock- und Wurzelausschlägen bestehenden Unterholz. Er ist der Lebensraum des sehr seltenen Mittelspechtes, dem etwas kleineren Verwandten des Buntspechtes. Leider hat der Orkan «Lothar» im Dezember 1999 grosse Flächen des vom Naturschutz als besonders wertvoll eingestuften Waldes zerstört.

Zwischen zwei Kiesgruben treten wir aus dem Wald aufs offene Feld und streben auf dem alten Salzweg *Marthalen* zu. Schon von weitem erkennen wir die Dächer des in einer Geländemulde eingebetteten Dorfes und die Turmspitze der Kirche.

Das ausserordentlich schöne und geschlossene Dorfbild mit seinen vielen prächtigen Riegelbauten aus dem 17. und 18. Jahrhundert steht unter Denkmalschutz. Besonders sehenswert sind der Untere und der Obere Hirschen, das «Alte Wirtshaus», die Obermühle und der Gasthof «Rössli». Ein eindrückliches Baudenkmal ist das vom Landvogt Salomon Gessler 1781 erbaute Schützenhaus auf einer Anhöhe im Süden des Dorfes.

In einer Viertelstunde erreichen wir am Öliweier vorbei auf der Stationsstrasse den Bahnhof von *Marthalen.*

Aufgerüstetes Sturmholz

36

Rafz, Nack
Fähre Ellikon
Balm
Rheinau
Rheinfall
Neuhausen

Grenzüberschreitende Route, die zuerst über weite Felder und später auf idyllischem Uferweg dem Rhein entlang führt zu zwei Sehenswürdigkeiten ersten Ranges: die Klosterinsel Rheinau und der Rheinfall. (Grenzausweis nötig)

Hinweg	Route	Höhe	Rückweg
	Rafz Station	423 m	5 Std. 30 Min.
50 Min.	Nack	420 m	4 Std. 40 Min.
1 Std. 15 Min.	Fähre Ellikon	348 m	4 Std. 05 Min.
2 Std. 15 Min.	Balm	348 m	3 Std. 05 Min.
2 Std. 50 Min.	Rheinau Brücke	354 m	2 Std. 30 Min.
5 Std.	Laufen Rheinfall	409 m	20 Min.
5 Std. 20 Min.	Neuhausen Bahnhof	397 m	

Hinfahrt:	Mit S-Bahn S 5 oder S 22 nach Rafz
Rückfahrt:	Mit S-Bahn S 22 oder S 33 ab Neuhausen

Das Teilstück von der Station *Rafz* bis zur *Fähre Ellikon* ist in Route 35 genau beschrieben.

Für unsere heutige Wanderung verzichten wir auf die Fährenfahrt nach Ellikon hinüber und bleiben auf dem diesseitigen Ufer des Rheins. Etwas nördlich der Fähre-Anlagestelle treffen wir auf eine Uferwiese der deutschen Gemeinde Lottstetten mit einem grossen Rast- und Badeplatz. Hölzerne Bänke, Tische und mehrere Grillplätze laden zum Verweilen ein.

Bei normalem Wasserstand des Rheins wandern wir auf dem Rheinuferweg durch einen wild-romantischen Auenwald meist in der Nähe des Wassers mit schönen Ausblicken zum gegenüberliegenden Ufer auf Schweizer Seite. Bei Hochwasser allerdings müssen wir den Waldweg auf der erhöhten Terrasse benützen.Beide Wege führen später zur Kläranlage von Lottstetten und auf einem asphaltierten Strässchen zum Weiler *Balm.*

Das schmucke Dörfchen Balm gehörte einst zum nahen Kloster Rheinau. Im ersten Haus rechts mit dem steinernen Eingangsbogen, der die Jahrzahl 1743 trägt, befindet sich der grosse, gewölbte Klosterkeller.

Beim Restaurant «Schinderhannes» folgen wir dem Bach abwärts zum Rhein. Auf reizendem, schmalem Uferweg, an dem wir immer wieder Biberfrassspuren entdecken, erreichen wir bei der gedeckten Holzbrücke das deutsche Zollamt.

Die gedeckte Brücke ist ein stattlicher Holzbau aus dem Jahre 1804. Auch nach der Renovation von 1989 bewacht St. Nepomuk, der Schutzheilige aller Brücken, die steinerne Zufahrt auf der Schweizer Seite.

Auf der gedeckten Holzbrücke überschreiten wir den Rhein und die Landesgrenze. Unmittelbar hinter dem Gasthof «Salmen» steigen wir die «Stapfeten» hinauf ins Dorf *Rheinau.* (Näheres von Kloster und Dorf Rheinau siehe Route 42)

Bei den ersten Klostergebäuden weist uns der gelbe Wegweiser «Rheinfall» nach rechts am Fusse des Rebberges zum Elektrizitätswerk Rheinau. Auf der Wehrbrücke könnte man, die «Grüne Grenze» überschreitend, dem deutschen Ufer der Halbinsel Schwaben entlang nach *Nohl* und dem *Schlösschen Wörth* am Rheinfall gelangen.

Wir aber bleiben auf der Schweizer Seite und schwenken oberhalb des Turbinenhauses nach links zum Schiffsteg hinunter. Dort beginnt ein schmaler, wild-romantischer, allerdings bei nassem Wetter etwas glitschiger Wanderpfad dem steilen Uferhang entlang. Nach stetem Auf und Ab erreichen wir die schöne Waldwiese in der Höll, wo die Route 40 von Marthalen her dazu stösst. Am Ende der Wiese, beim Wegweiserstandort «Mettli» schwenken wir nach links hinunter zu einem direkt am Ufer des Rheins gelegenen Rastplatz mit Bänken und Feuerstelle.

Von hier aus bringt uns ein wunderbarer, schmaler Uferweg in unmittelbarer Nähe des Rheins zum idyllischen, reizvollen Schwimmbad von *Dachsen.* Dem Uferweg weiter folgend erreichen wir in einer Viertelstunde die *Nohlbrücke.*

Das ehemalige Fischerdörfchen Nohl liegt auf der rechten Seite des Rheins und grenzt an badisches Gebiet. Seit 1956 ist die Fähre nach Dachsen hinüber durch einen Betonsteg für Fussgänger ersetzt worden. In Nohl befindet sich die Werkstätte der Schiffer- und Bootsbauerfamilie Mändli, die seit Generationen die Kursfahrten zum Rheinfall und Sonderfahrten nach Eglisau ausführt.

Rheinfall bei Schaffhausen

Auf beiden Seiten des Stromes führt ein Fussweg zum *Rheinfall*, dem berühmten, einzigartigen Naturschauspiel:

– Auf dem rechten, sonnigen Ufer gelangen wir von Nohl aus zum *Schlösschen Wörth*, von wo aus auf markiertem Weg rheinaufwärts der Bahnhof *Neuhausen* erreichbar ist.

– Auf der linken Uferseite bleibend erreichen wir die stiebenden und tosenden Wasser beim *Schloss Laufen*, das heute teilweise als Jugendherberge dient. Unser letztes Teilstück der ausgedehnten Wanderung führt auf der 180 m langen Eisenbahnbrücke oberhalb des Wasserfalles über den Rhein und dem Ufer entlang in rund 20 Minuten ebenfalls zum Bahnhof *Neuhausen.*

Der Rheinfall ist mit seiner Höhe von 23 m und einer Breite von rund 150 m wohl der grossartigste Wasserfall Mitteleuropas. Bei mittlerer Wasserführung stürzen jede Sekunde gegen 700 m^3 Wasser über die Kalkfelsen in das 13 m tiefe Rheinfallbecken hinein. Vor der letzten Eiszeit floss der Rhein durch eine tiefe Felsschlucht, dort wo sich heute Neuhausen ausdehnt. Während der Eiszeit wurde die Flussrinne mit Kies und Sand ausgefüllt. Nachdem sich die Gletscher zurückgezogen hatten, grub sich der Rhein teilweise ein neues Bett. An der Stelle des heutigen Rheinfalls fand der Strom sein altes Bett wieder und tiefte sich hier viel rascher ein als im harten Kalk oberhalb des Wasserfalles. Das Naturphänomen Rheinfall zieht täglich Scharen von Besuchern aus der ganzen Welt an, die entweder auf der Zürcher Seite beim Känzeli das Getöse und den Gischt der niederstürzenden Fluten hautnah erleben wollen oder vom Rheinfallquai beim Schlösschen Wörth die ganze Pracht des Naturschauspiels aus Distanz geniessen. Motorboote führen die Schaulustigen von einem Ufer zum andern und legen auch im mittleren, besteigbaren Felsen an.

In der Hoffnung den Mond zu erreichen,
vergisst der Mensch, auf die Blumen zu schauen,
die zu seinen Füssen blühen.

Albert Schweitzer

37

Eglisau
Honegg
Kirche Buchberg
Rüdlingen
Fähre Ellikon
Dachsen

Eine äusserst lohnende und abwechslungsreiche Route über eine fruchtbare Hochebene mit grossartiger Rundsicht, durch stille Auenwälder dem Rhein entlang und einer eindrücklichen Fährenfahrt.

Hinweg	Route	Höhe	Rückweg
	Eglisau Station 🚂	389 m	5 Std. 20 Min.
1 Std. 25 Min.	Buchberg Kirche 🚌	476 m	3 Std. 50 Min.
1 Std. 40 Min.	Rüdlingen 🚌 ⛴	367 m	3 Std. 30 Min.
2 Std. 40 Min.	Ellikon Fähre ⛴	356 m	2 Std. 30 Min.
5 Std. 10 Min.	Dachsen Station 🚂 🚌	395 m	

Hinfahrt:	Mit S-Bahn S 5, S 22 oder S 41 nach Eglisau
Rückfahrt:	Mit S-Bahn S 33 ab Dachsen

Von der Station in *Eglisau* aus wandern wir durch die prächtige Kastanienallee zur Rheinbrücke hinunter. Auf der Brücke muss unbedingt ein Halt eingeschoben werden, um in aller Ruhe die Sicht auf die eindrückliche Silhouette des Städtchens geniessen zu können.

Auf dem nördlichen Brückenkopf wenden wir uns dem Städtchen Eglisau zu und biegen nach links ins «Gsteig» hinein. Die gelben Wegweiser weisen uns über einen Zickzackweg auf die erste Geländestufe, von der aus wir auf die Dächer des mittelalterlichen Städtchens hinunterblicken. Wir steigen nun wacker bergwärts zum Galgenbuck, dem Namen nach einer ehemaligen Richtstätte.

Bei sichtigem Wetter bietet sich uns eine grandiose Panoramasicht vom Glärnisch über den Titlis bis hin zu Eiger, Mönch und Jungfrau. Wissbegierige studieren die vielen weiteren Bergnamen auf einer schön gestalteten Panoramatafel. Unser Weg führt auf die Nordseite des Hügels und öffnet den Blick übers Rafzerfeld und gegen Westen das Rheintal abwärts. Beim Hof Eggberg überschreiten wir die Kantonsgrenze und befinden uns sodann in der topographisch markanten Schaffhauser Exklave Buchberg.

Über die aussichtsreiche Honegg streben wir dem höchsten Punkt unserer Wanderung, dem *Hurbig (546 m),* entgegen. Ein grosser Rastplatz mit Bänken, Feuerstellen und einem Brunnen bietet sich für den Stundenhalt an.

Nun steigen wir zur *Kirche Rüdlingen / Buchberg* hinunter, die auf einer wunderbaren Aussichtskanzel liegt. Unser Blick schweift über die Ebene von Flaach und die weite Flusslandschaft des Rheins. Durch einen steilen, sonnigen Rebberg steigen wir weiter abwärts nach *Rüdlingen,* wo sich mehrere Wanderrouten treffen und zur Sommerzeit die Rheinschiffe von Eglisau und Ellikon anlegen.

Unser Weg führt durchs schmucke Riegelbau-Dorf, unter der Umfahrungsstrasse durch und über offenes Feld zum Rhein. Wir steigen das Rheinbord hinunter zu den alten Wasserläufen, die bei den Korrektionen von 1881/97 vom heutigen Strombett abgetrennt worden sind und z. T. zu nicht betretbaren Vogelschutzgebieten erklärt wurden. Der schmale, reizvolle Wanderweg führt dicht dem Rhein entlang. In den alten Wasserläufen lassen sich zahlreiche Vogelarten, nicht selten auch Fischreiher, beobachten. Immer wieder begegnen wir frischen Biberfrassspuren. Bei Hochwasser allerdings ist dieser Uferweg nicht begehbar, und wir müssen auf den Feldweg an der oberen Uferkante bis zur Anlegestelle der Fähre ausweichen.

Mit einer Glocke wird die Fähre herübergerufen, worauf uns das motorlose Schiffchen, das an einer Seilrolle befestigt ist, über den Rhein nach *Ellikon* bringt. (Ausführlicheres siehe Route 35)

Fähre über den Rhein bei Ellikon

Wie in Route 35 beschrieben, führt unser Weg rheinaufwärts zur Römerwarte auf dem Strickboden und durch den Wald, bis wir auf die Route 42 (Marthalen – Rheinau) treffen. Gemeinsam mit dieser treten wir aus dem Wald und folgen seinem Rand nach rechts längs des Rinauer Feldes. Nach dem Überqueren der Strasse Rheinau – Marthalen steigen wir das Rheinbord hinunter und wandern auf einem schmalen Hangpfad stromaufwärts bis zur grossen Waldwiese im «Mettli». Die gelben Wegweisertafeln bieten uns zwei Routenvarianten an:

– Der direkte Weg nach Dachsen führt nach rechts an der Kläranlage vorbei zu den ersten Häusern nach dem Bahnübergang. Durchs schmucke Dorf erreichen wir die Station *Dachsen.*

– Der empfehlenswertere, schönere Weg führt vom «Mettli» nach links zum Rastplatz am Rhein. Hier geniesst man die Stille am ruhig dahinziehenden Strom und hat vielleicht das Glück, ein paar Schwäne zu beobachten, die knapp über dem Wasserspiegel mit pfeilgerade ausgestreckten Hälsen stromaufwärts fliegen

Weiter führt der Uferweg wie in Route 36 beschrieben zur *Nohlbrücke,* wo uns der Wanderwegweiser «Dachsen 15 Min.» schräg das Uferbord hinaufweist. Durch ein neues Eigenheimquartier erreichen wir die Station *Dachsen.*

Dachsen ist eine ausgeprägte Strassensiedlung auf einer Terrasse über dem Rheineinschnitt. Grosse Bedeutung hatte einst das vornehme «Hotel Witzig», ein langgestreckter Riegelbau in nächster Nähe des Bahnhofs, das die vielen Besucher des Rheinfalls beherbergte. In den letzten Jahren entwickelte sich das schmucke Weinbau- und Ackerbaudorf Dachsen zu einem Vorort von Schaffhausen. Im Dorf steht noch der um 1880 erstellte, letzte eiserne Röhrenbrunnen der Zürcher Landschaft.

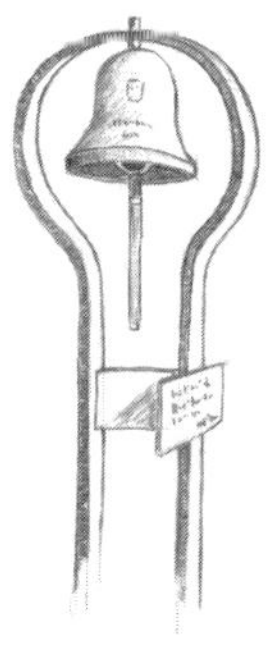

38

Eglisau Buchberg Rüdlingen Flaach

Genussreiche Wanderung über den Rebbergen von Eglisau zum Hochplateau von Buchberg und von Rüdlingen über die Ebene von Flaach.

Hinweg	Route	Höhe	Rückweg
	Eglisau Station	389 m	2 Std. 20 Min.
1 Std. 25 Min.	Buchberg Kirche	476 m	1 Std. 05 Min.
1 Std. 40 Min.	Rüdlingen	367 m	45 Min.
2 Std. 25 Min.	Flaach	362 m	

Hinfahrt:	Mit S-Bahn S5, S22 oder S41 nach Eglisau
Rückfahrt:	Mit PTT-Bus 675 nach Rafz oder Winterthur

Von der Station *Eglisau* herkommend durchschreiten wir die prächtige Kastanien-Allee zur Rheinbrücke hinunter, von wo aus wir einen der schönsten Blicke auf das mittelalterliche Städtchen Eglisau geniessen. Durch die Obergass gelangen wir beim östlichen Ausgang des Städtchens zum stattlichen Weierbach-Huus, das eine originelle Verbindung von Massiv- und Fachwerkbau aufweist. In dem 1670 erstellten Weinbauernhaus ist heute das Ortsmuseum eingerichtet. Dem Wegweiser «Obere Rebbergstrasse – Buchberg» nach kommt man am Werkhaus mit Trotte und Schlachthaus vorbei zu den ersten Rebhängen. Nach einem bewaldeten Bachtobel zweigt der Weinwanderweg ab, der später wieder auf die gelb markierte Route stösst. Interessante Tafeln erläutern die Winzerarbeit in den sonnenreichen, steilen Rebbergen, wo der bekannte «Stadtberger – Wein» gedeiht. Wundervoll ist der Blick über die Stromlandschaft und das sich an den Hang schmiegende Städtchen.

Beim nächsten Bachtobel an der Kantonsgrenze Zürich / Schaffhausen steigen wir auf einem steilen Treppenweg durch den Wald aufs Plateau des Hummelberges. Die angerissenen Tobelhänge geben uns Aufschluss über den geologischen Bau des Buchberges: waagrechte Sandstein- und Mergelschichten der Molasse. Ein Flursträsschen, von dem aus wir bei sichtigem

Rhein bei Rüdlingen

Wetter bis in die Alpen sehen, führt uns nach *Buchberg*. Durch das blumengeschmückte, langgestreckte Strassendorf gelangen wir zur einmalig schön gelegenen Kirche Rüdlingen / Buchberg, wo wir vor dem Abstieg nochmals die grossartige Aussicht auf die imposante Stromlandschaft von Rhein und Thur geniessen.

Hier treffen wir auf die Route 37, die ebenfalls von Eglisau her kommt und steigen auf schmalem Fussweg nach *Rüdlingen* ab. Vielleicht verlockt das schmucke, blumenstrahlende Weinbauerndorf im Sommer zu einer Rast in einem schattigen Gartenrestaurant und anschliessend zu einer genussreichen Schifffahrt auf dem Rhein nach Eglisau zurück.

Unsere Wanderung aber führt vom Dorf Rüdlingen zur Flaacher Strassenbrücke, wo wir den Rhein überqueren und bei der *Ziegelhütte* auf Route 26 stossen. Die Fortsetzung des Weges bis nach Flaach und Heimatkundliches der Gegend findet man in Route 26.

Routen 39 40 41 42
Hasenberg
Wasenhütte
Osterfingen
Rossberg
Jestetten
Bad
Wangental
Radegg
Ettenberg
Egg
Nappberg
Hinterberg
Albführen
Balltersweil
Eck
Dietenberg
Häuserhof
Lottstetten
Rafzerstein
Eichberg
Berwangen
Chnübrecht
Sand
Dettighofen
Solgen
Hüslihof
Buchenloo
Wil (ZH)
Rafz
Nack
Hüntwangen
Zoll
Hard
KT.-SCHAFFHAUSEN
Stn. Hüntwangen-Wil
Eglisau
Rüdlingen
Rheinsfelden
Laubberg
Lätten
Seglingen
Buchberg
Tössriederen
Aarüti
Glattfelden
Tössegg
4 km
39

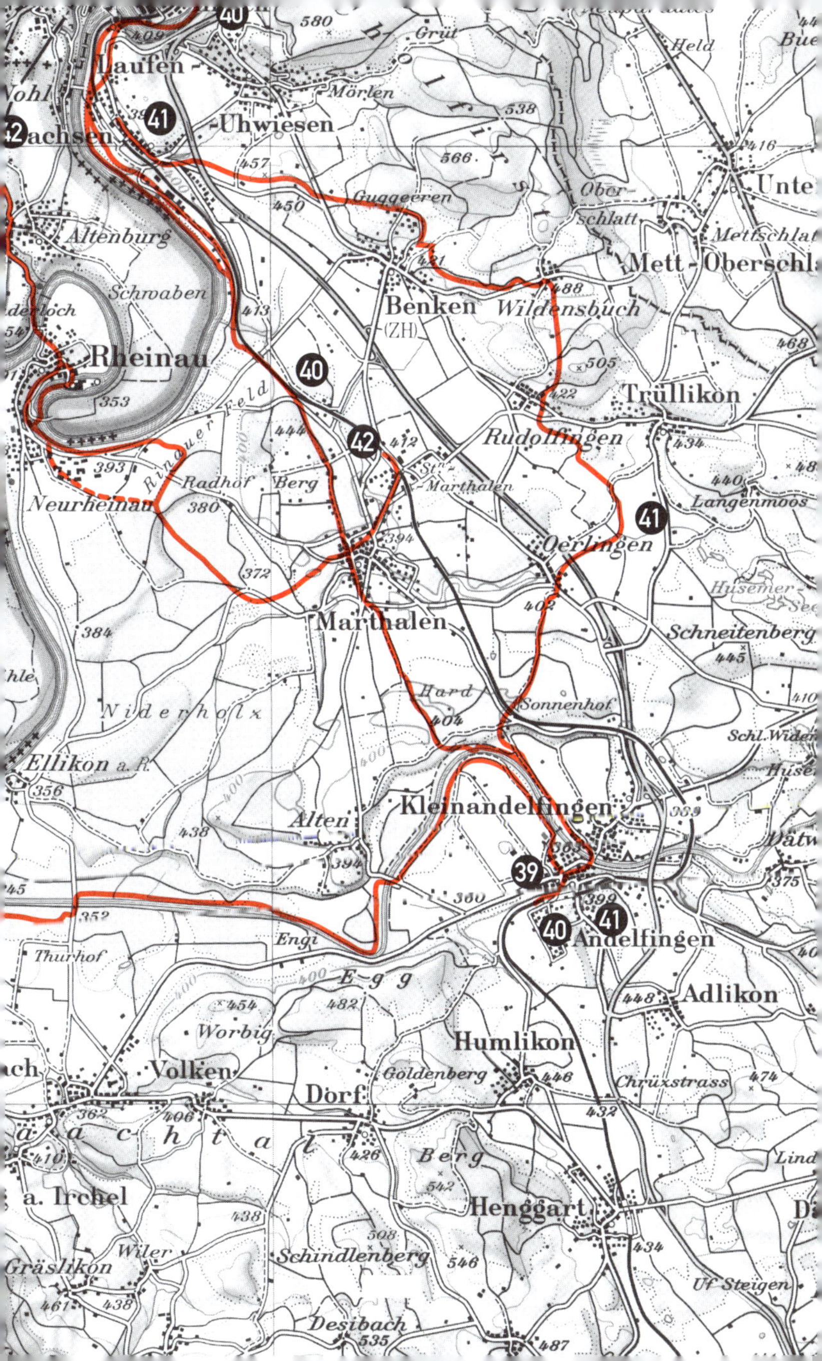

Laufen
Uhwiesen
Mörlen
Grüt
580
409
538
566
Dachsen
Altenburg
Schwaben
Rheinau
353
Guggeeren
450
457
413
Benken
(ZH)
Wildensbuch
488
Ober-
schlatt
Mett-Oberschl
Mettschlat
Unte
416
Held
505
Trüllikon
468
Rudolfingen
422
434
440
Langenmoos
Rinauer Feld
444
412
St[n] Marthalen
393
Radhof
Berg
Neurheinau
380
372
394
Oerlingen
Husemer-See
402
Marthalen
384
Schneitenberg
445
Niderholz
Hard
404
Sonnenhof
410
Schl. Widen
Ellikon a. R.
356
Kleinandelfingen
Alten
438
394
380
399
Andelfingen
375
352
Engi
Thurhof
Egg
482
454
Worbig
Volken
Adlikon
448
Humlikon
Goldenberg
446
Chrüxstrass
474
Dorf
362
406
426
432
Berg
542
410
a. Irchel
Henggart
438
508
Schindlenberg
546
434
Wiler
Gräslikon
461
438
Desibach
535
487
Uf Steigen
Lind
39
40
41
42

39

Andelfingen
Thuruferweg
Ziegelhütte
Rüdlingen
Eglisau

Reizvolle, aber sehr ausgedehnte Wanderung durch die Uferwälder der Thur und des Rheins.

Hinweg	Route	Höhe	Rückweg
	Andelfingen 🚆 🚌	399 m	5 Std. 30 Min.
3 Std.	Ziegelhütte 🚌	349 m	2 Std. 30 Min.
3 Std. 15 Min.	Rüdlingen 🚌 ⛴	367 m	2 Std. 15 Min.
4 Std. 05 Min.	Fähre Tössegg ⛴	346 m	1 Std. 30 Min.
5 Std. 15 Min.	Eglisau Städtchen ⛴	355 m	15 Min.
5 Std. 30 Min.	Eglisau Station 🚆	389 m	

Hinfahrt:	Mit S-Bahn S 33 nach Andelfingen
Rückfahrt:	Mit S-Bahn S 5, S 22 oder S 41 ab Eglisau

Unsere ausgedehnte Flussuferwanderung beginnt im Bahnhof *Andelfingen*, wo wir den gelben Wegweisern «Rüdlingen» folgen. An der Kirche vorbei gehts über einen Treppenweg abwärts bis zur Durchgangsstrasse. Hier schwenken wir nach links und erreichen bei einem Fussgängersteg die Thur. Wir bleiben auf dem linken Thurufer. Um die asphaltierte Strasse am Schwimmbad vorbei bis zur Kläranlage zu meiden, wählen wir den Wiesenweg auf der unteren Thurdammstufe direkt dem Wasser entlang. Ebenaus führt uns der stille Uferweg durch den geschützten Auenwald bis zum Rastplatz bei der gedeckten Holzbrücke von Alten. Wir wechseln über die 1992 erstellte Brücke aufs andere Ufer.

Der Uferfussweg leitet uns weiter dem Thurknie entlang. Rechter Hand öffnet sich ein grosses, in der Landkarte als «Wüesti» bezeichnetes Feld. Der Weg führt durch den Auenwald mit seinen schönen Eichen und Ulmen. Wahlweise kann man aber auch bei normaler Wasserführung der Thur auf schmalem Trampelpfad direkt an der Dammkante wandern, wo man, sei es auf dem Damm oder auf Kiesbänken, verlockende Plätzchen zum Rasten findet. Unweigerlich summt in den Ohren die Melodie des alten Wanderliedes vom Müller:

... Vom Wasser haben wirs gelernt, vom Wasser.
Das hat nicht Ruh bei Tag und Nacht,
Ist stets auf Wanderschaft bedacht,
Das Wasser, das Wasser, das Wasser.

Bei der Elliker Brücke wechseln wir erneut die Uferseite und erreichen in einer Viertelstunde den *Thurspitz*, wo sich das von der mitgeschwemmten Erde meist braun-trübe Thurwasser mit dem im Bodensee geläuterten dunkelgrünen Rheinwasser langsam vermischt.

Vor rund 150 Jahren begann die Zähmung der immer wieder zu katastrophalen Überschwemmungen führenden Thur durch Begradigungen und gewaltige Dammbauten. Westlich der Elliker Brücke sind immer noch die weiten Mäander und Nebenadern der Thur in Form von Sümpfen, Tümpeln und langgezogenen Teichen zu erkennen. Bringt die Thur Hochwasser, staut sie den Rhein bis nach Ellikon hinauf zurück. Die rund 100 ha umfassenden Thurauen am Thurspitz mit einer reichen Pflanzengesellschaft und Tierwelt stellen ein «schlafendes» Auengebiet dar. In den kommenden Jahren soll nach den Visionen der Naturschützer durch die Beseitigung der Längsdämme der Thur wieder den einstigen Spielraum zurückgegeben werden und eine naturnahe, dynamische Auenlandschaft entstehen.

Wir verlassen nun das Mündungsgebiet, eine Landschaft von eindrucksvoller Schönheit, und wandern dem Rhein entlang. Ein Wiesenstreifen mit lockeren Weidengruppen durchsetzt lädt beim Rastplatz mit Tischen, Bänken und Feuerstelle zum Verweilen ein.

Bald erkennen wir am gegenüberliegenden Ufer das Naturschutzgebiet der Altläufe des Rheins. Den Campingplatz und das prächtige Schwimmbad umgehen wir auf einem Flursträsschen und erreichen durch die grossen Kulturen der Staudengärtnerei Hauenstein die markante Gebäudegruppe beim Gasthaus zur *Ziegelhütte*.

Von hier aus bieten sich uns für die Fortsetzung der Wanderung nach Eglisau drei Möglichkeiten an:

1. Über die Rheinbrücke führt der Weg an der Kläranlage vorbei ins schmucke Weinbauerndorf *Rüdlingen*. Nach dem Gasthaus «zur Stube» am Südende des Dorfes zieht sich das Natursträsschen hoch über dem Rhein am Fusse der Rebberge entlang, später durch eine Waldpartie zur langgestreckten Lichtung Ramsen. Die senkrechten Wände im weichen Molassefelsen zeigen deutlich, wie sich hier der Rhein nach der letzten Eiszeit zwischen Irchel und Buchberg einen Durchbruch gegraben hat. Bald stehen

Thur bei Alten

ZÜRCHER WEINLAND. Das Zürcher Weinland darf wohl als eines der landschaftlich unversehrtesten Erholungs- und Wandergebiete des Kantons Zürich angesehen werden. Sein Landschaftsbild wurde in der Eiszeit geformt und zeigt die klassischen Gletscherspuren: Moränenzüge und Schotterebenen, kleine Drumlins, Hügel die meistens den Namen «Buck» oder «Büel» tragen in ausgedehnten Riedlandschaften, die heute durch Meliorationen in fruchtbares Ackerland verwandelt sind.
Der Name Weinland deutet unmissverständlich auf die früher noch viel zahlreicheren Weinberge hin, die die Südhänge um die schönen Riegelbaudörfer schmücken. Die Mulde des Weinlandes gehört zu den trockensten und wärmsten Gegenden des Mittellandes. Daher ist der Anbau von Tabak, Hopfen, Spargeln nebst den weiten Kornfeldern recht lohnend.

wir an einer Weggabelung. Der Pfad geradeaus führt zur Landestelle der Tösseggfähre, die während des Sommers an Wochenenden verkehrt und durstige Wanderer ins Gasthaus Tössegg hinüber bringt. Wir aber steigen rechts den Uferhang hinauf und erreichen das Plateau beim Murkethof. Am Ende der Rebberge der Eichhalde, wo an windgeschützter Südwestlage ein vorzüglicher Wein gedeiht, steigen wir auf einem Zickzackweg zum Rheinufer hinunter. Auf schmalem Weg im Schatten des Waldes überschreiten wir die Kantonsgrenze Schaffhausen/Zürich und erreichen Oberriet. Vom einstigen Fischerdörfchen stehen nur noch zwei Häuser, die andern Gebäude mussten dem vom Kraftwerk Eglisau gestauten Rhein weichen. Durch den Ortsteil Burg, am stattlichen Weierbachhaus vorbei, treffen wir nach langer Wanderung, etwas müde aber frohgelaunt, im hübschen Städtchen *Eglisau* ein. (Näheres siehe Route 29) Nach der Besichtigung des mittelalterlichen Städtchens überqueren wir auf der Steinbrücke den Rhein und bestaunen nochmals die einzigartige Silhouette. In einer knappen Viertelstunde steigen wir zur *Station Eglisau* hinauf.

2. Wer weiterhin möglichst nah am ruhig dahinströmenden Wasser seine Wanderung fortsetzen möchte, bleibt am linken Ufer des Rheins. Der schmale Weg führt dem steilen Uferhang des Irchels entlang zur *Tössegg* und weiter über *Tössriederen* direkt zur Station *Eglisau.* (siehe Routen 26 und 29)

3. Nach der Flaacher Brücke führt noch vor dem Dörfchen Rüdlingen der Weg nach links zur Schiffländе, wo die Rheinschiffe in den Sommermonaten anlegen. Die erholsame Fahrt von Rüdlingen zur Tössegg und weiter nach Eglisau bietet als Abschluss eines Wandertages einen besonders genussvollen Höhepunkt.

Wirtshausschild in Rüdlingen

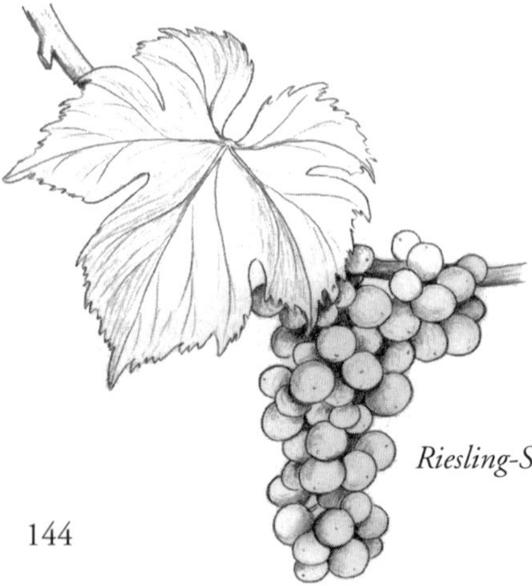

Riesling-Silvaner-Traube

40

Andelfingen
Marthalen
Rheinfall
Neuhausen

Vom Bezirkshauptort Andelfingen an der Thur über offenes Bauernland und dem bewaldeten Rheinufer entlang zum weltberühmten Rheinfall.

Hinweg	Route	Höhe	Rückweg
	Andelfingen	399 m	3 Std. 45 Min.
1 Std. 15 Min.	Marthalen	392 m	2 Std. 25 Min.
2 Std. 50 Min.	Nohlbrücke	361 m	45 Min.
3 Std. 15 Min.	Laufen / Rheinfall	409 m	25 Min.
3 Std. 40 Min.	Neuhausen Bahnhof	397 m	

Hinfahrt:	Mit S-Bahn S 33 bis Andelfingen
Rückfahrt:	Mit S-Bahn S 22 oder S 33 ab Neuhausen

Der Bezirkshauptort *Andelfingen* ist Ausgangspunkt vieler Wanderungen ins Zürcher Weinland. (siehe auch S. 143 und 148) Wir wenden uns vom Bahnhof aus am Hotel «Löwen» vorbei zur Kirche mit dem hohen neugotischen Turm. Den gelben Rhomben nach steigen wir über eine Treppe zur gedeckten Thurbrücke hinab. Auf dem Fussgängeranbau überqueren wir den Fluss und schwenken gleich hinter dem Restaurant «Thurbrücke» in *Kleinandelfingen* nach links. Auf dem Uferweg, an dem eine reiche Pflanzenwelt gedeiht, wandern wir flussabwärts, bis wir nach einer knappen halben Stunde einen Rastplatz erreichen.

Dort weist uns der gelbe Wanderwegweiser «Marthalen – Rheinfall» über den Treppen-Zickzackweg den bewaldeten einstigen Uferhang hinauf. Nach dem mit schönen, alten Eichen bestandenen Wald erblicken wir von weitem die Spitze des Dachreiters der Kirche von *Marthalen.*

Vor dem Eintritt in das in einer Geländemulde eingebettete Dorf erhebt sich links der Lindenhof mit dem schmucken Schützenhaus, 1781 von Landvogt Salomon Landolt erbaut. Einstmals diente der geflachte Moränenhügel als Exerzierplatz, heute jedoch als Festplatz des stattlichen Bauerndorfes. Beim sechseckigen Brunnen mitten im Dorf überrascht uns eine prächtige Gruppe von wohl gepflegten Riegelbauten: Pfarrhaus, «Stube», «Ochsen» und etwas westwärts der wunderschöne Fachwerkbau des «Hirschen», der heute als Gemeindehaus dient.

In nördlicher Richtung verlassen wir das Dorf. Am Horizont erhebt sich der waldreiche Cholfirst, zu seinen Füssen die Dörfer Benken, Rudolfingen und Trüllikon. Nach einem Wäldchen überqueren wir die Strasse Marthalen – Rheinau, folgen dem Bahndamm und schwenken dann nach links in den Wald dem Rheinbord zu. Noch vor dem Höllbach stossen wir auf die Routen 36/37 und folgen diesen längs einer Waldwiese bis zum Wegweiserstandort «Mettli». Hier bieten sich zwei Wegvarianten für die Fortsetzung unserer Wanderung zum Rheinfall an:

– Nach rechts führt die um eine Viertelstunde kürzere Route zum Bahnhof *Dachsen* und weiter zum *Schloss Laufen am Rheinfall.*

– Viel empfehlenswerter ist der Weg nach links zu einem idyllisch gelegenen Rastplatz direkt am ruhig dahinziehenden Rhein. Der schmale Uferweg, meist in unmittelbarer Nähe des Rheins, führt am reizenden Schwimmbad Dachsen vorbei zur *Nohlbrücke.* In einer Viertelstunde könnte man von hier aus, nach rechts ansteigend, ebenfalls zur Station *Dachsen* gelangen. Wir aber bleiben auf dem Uferweg und nehmen schon bald das immer lauter werdende Brausen und Tosen des nahen Wasserfalls wahr. Über einen Treppenweg mit den Aussichtspunkten Fischetz, Känzeli und Belvédère erleben wir hautnah das einzigartige Naturschauspiel des Rheinfalls. Zuoberst auf dem Felskopf thront das *Schloss Laufen.* (Ausführliche Angaben über den Rheinfall siehe Route 36)

Die Gründung des Schlosses Laufen, das jetzt in Staatsbesitz ist, geht ins 8. Jahrhundert zurück. Jahrhundertelang in der Hand verschiedener Adelsgeschlechter war es später bis 1798 ein Landvogteisitz der Zürcher. Heute beherbergt es ein Restaurant und eine Jugendherberge.

Das letzte Teilstück unserer Wanderung führt vom Schloss Laufen über den bewaldeten Abhang hinunter. Den Rhein überqueren wir auf der 180 m langen Eisenbahnbrücke oberhalb des Wasserfalls. Dem Rheinufer entlang stromaufwärts erreichen wir, an Ruhebänken vorbei, auf einem Fussweg in rund 20 Minuten den Bahnhof *Neuhausen.*

Thurbrücke bei Andelfingen

ANDELFINGEN. Der Bezirkshauptort Andelfingen liegt am Kreuzungsort zweier alter Verkehrswege, Schaffhausen – Winterthur und Stein am Rhein – Baden. Auf einer Hügelterrasse thront das Schloss, einst Landvogteisitz, heute Altersheim der Gemeinde umgeben von einem grossen, öffentlichen Park.
Vom einstigen Grossandelfingen führt die hölzerne, gedeckte Thurbrücke nach Kleinandelfingen, einer selbständigen politischen Gemeinde hinüber. Der jetzige Brückenbau wurde 1814/15, anstelle der 1799 in den Kämpfen zwischen den Franzosen und den Österreichern in Flammen aufgegangenen Holzbrücke, von Staatsbaumeister Stadler errichtet. Heute noch dient der stattliche Bau dem internen Verkehr. Der gewaltig angewachsene Transitverkehr rollt seit 1958 auf der Umfahrung von Andelfingen über die 700 m ostwärts erstellte und um die Jahrtausendwende erweiterte, moderne weitgespannte Betonbrücke.
Der Bezirkshauptort konnte, trotz vieler neuer Wohnquartiere, seine ländlich-ruhige Eigenart in einer weitgehend unverdorbenen Landschaft bewahren.

Der Fachwerk- oder Riegelbau

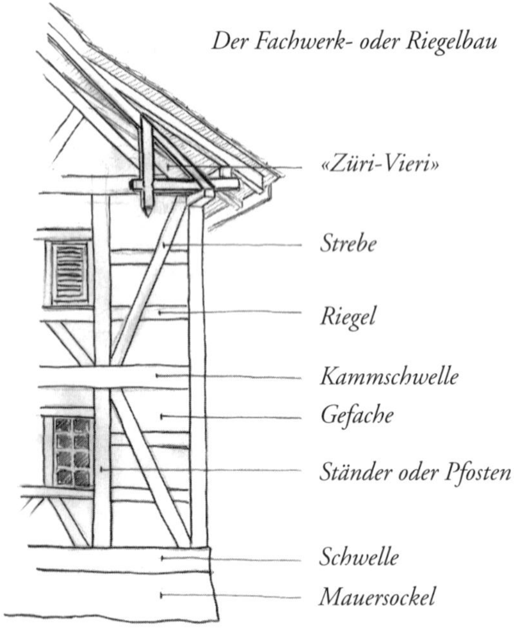

41

Andelfingen Rudolfingen Wildensbuch Guggeeren Dachsen

Die für Frühling und Herbst empfehlenswerte Wanderung führt über offenes, sonniges Bauernland und im zweiten Teil oberhalb der besonnten Rebberge am aussichtsreichen Südwest-Hang des Cholfirstes entlang nach Dachsen.

Hinweg	Route	Höhe	Rückweg
	Andelfingen 🚆 🚌	399 m	4 Std. 10 Min.
1 Std. 10 Min.	Oerlingen	402 m	3 Std.
1 Std. 50 Min.	Rudolfingen 🚌	422 m	2 Std. 20 Min.
2 Std. 20 Min.	Wildensbuch	488 m	2 Std.
3 Std.	Guggeeren	498 m	1 Std. 20 Min.
4 Std. 10 Min.	Dachsen 🚆 🚌	395 m	

Hinfahrt:	Mit S-Bahn S 33 bis Andelfingen
Rückfahrt:	Mit S-Bahn S 33 ab Dachsen

Vom Bahnhof des Bezirkshauptortes *Andelfingen* führen uns die gelben Wegweiser zur Thurbrücke hinunter und über den Fluss nach *Kleinandelfingen.* Dort schwenken wir nach links und folgen etwa einen Kilometer dem dahinziehenden Fluss. Ein Wanderwegweiser führt uns von der Thur weg, Richtung Oerlingen – Rudolfingen, den eine alte Flussschleife markierenden steilen Rebhang des berühmten Schiterberges hinauf. Zurückblickend überschauen wir die breite Schwemmebene des Thurtales und den Bezirkshauptort Andelfingen. Durch einen Mischwald streben wir *Oerlingen* zu. Nach dem Dorf schreiten wir unter der A4 hindurch und queren dem Niderbach entlang eine fruchtbare Ebene.

Der Flurname «Weier» deutet auf das einstmals sich hier ausdehnende Oerlinger Ried hin. Übrig geblieben vom ehemaligen, grossen Feuchtgebiet ist nach tiefgreifenden Meliorationen eine rund 6 ha messende Schutzzone, die zu den wertvollsten Flachmooren der Schweiz gehört.

Wir wandern nun zwischen kleinen Moränenhügeln durch weiteres Landwirtschaftsgebiet nach *Rudolfingen,* einem musterhaften Bauerndorf am Fusse des Cholfirsts. Unser Weg tangiert das Dorf im Osten.

Es lohnt sich ein kleiner Rundgang durch das hübsche Dorf Rudolfingen, in dem u. a. das ehemalige «Hofmeisterhaus» aus dem Jahre 1542 mit seinem altertümlichen Krüppelwalmdach und die riesige Scheune mit einem der grössten Walmdächern des Kantons Zürich zu bewundern sind. Auf dem Schlossberg im Nordosten des Dorfes befinden sich noch Überreste eines Refugiums aus der Hallstattzeit (8.–5. Jh. v. Chr.).

Am Rande des Rudolfinger Rebberges steigen wir steil bergan und weiter durch eine kleinräumliche Landschaft des Cholfirstausläufers nach *Wildensbuch.*

Das kleine, abgelegene Dörfchen Wildensbuch gehört mit Rudolfingen zusammen zur politischen Gemeinde Trüllikon. 1823 ereignete sich in Wildensbuch ein seltener Fall von religiöser Verwirrung, wobei zwei Schwestern getötet wurden. Freiwillig liess sich die eine ans Kreuz schlagen und die andere steinigen.

Am alten Schulhaus mit dem Zeittürmchen vorbei verlassen wir das Dorf Wildensbuch und wandern auf prachtvollem Aussichtsweg oberhalb der Rebberge von Benken zur *Guggeeren.* Im bekannten Ausflugsrestaurant «Guggeere» löschen wir in der grossen Gartenwirtschaft unter alten, prächtigen Bäumen den Durst und lassen unsern Blick in die Ferne schweifen. Vor uns dehnt sich die fruchtbare Ebene des Zürcher Weinlandes aus, den Horizont bilden Irchel und Lägeren. Gegen Osten sind bei klarem Wetter sogar die Alpen zu erkennen.

Von hier aus könnte man in 10 Min. direkt nach Benken absteigen. Wir aber wandern dem Waldrand entlang leicht abwärts bis zum Anderbach. Das muntere Bächlein begleitet uns unter der A4 durch zu den ersten Häusern von *Dachsen.* Durchs Dorf mit seinen ehrwürdigen Riegelbauten (Näheres siehe Route 37) gelangen wir zur Bahnstation.

Biberspuren bei Rheinau

42

Marthalen
Rheinau
Altenburg Station

Vom stattlichen Riegelbau-Dorf Marthalen über ebene Felder zur kulturhistorisch bedeutenden Klosteranlage Rheinau mit einer der schönsten Barockkirchen der Schweiz. (Personalausweis erforderlich)

Hinweg	Route	Höhe	Rückweg
	Marthalen Station	412 m	2 Std. 45 Min.
15 Min.	Marthalen Dorf	392 m	2 Std. 30 Min.
2 Std.	Rheinau	358 m	45 Min.
2 Std. 45 Min.	Altenburg Station	428 m	

Hinfahrt:	Mit S-Bahn S 33 oder ZVV-Bussen 620, 621 und 630
Rückfahrt:	Mit S-Bahn S 29 oder ZVV-Bus 605 nach Andelfingen oder ZVV-Bus 621 nach Marthalen und dann weiter mit S 33
Schifffahrt:	Oberhalb der Schleusen des Elektrizitätswerkes befindet sich der Landungssteg, wo fahrplanmässig, jedoch saisonbedingt, Motorschiffe zum Rheinfall abfahren. (Ernst Mändli, Bootsbetriebe in Nohl)

Bei der Station *Marthalen* finden wir die Orientierungstafel der ZAW und wählen den Wegweiser «Marthalen». Auf der Stationsstrasse erreichen wir am Öliweier vorbei das malerische Dorf.

Der einst als Fischweiher und Wasserreservoir für die Ölmühle dienende Weiher ist heute ein idyllisches Naturdenkmal, umgeben von alten Weiden und Pappeln.

Ein Rundgang im geschützten Dorf *Marthalen* (genauere Beschreibung Route 35) lohnt sich sehr. Vom Barockbrunnen mitten im Dorf lenkt uns der Wegweiser «Rheinau» in westlicher Richtung aufs Feld hinaus. Im bewaldeten, steilen Chinzenrain steigen wir auf einen tiefer liegenden Talboden hinunter und erreichen zwischen alten Kiesgruben hindurch das Radholz.

Der schöne Mischwald mit Föhren und vielen Eichen wurde vom Orkan «Lothar», der um die Jahrtausendwende weite Landstriche heimsuchte, grossenteils vernichtet.

Nach einer kurzen Steigung treffen wir bei Punkt 382 auf eine Kreuzung, wo von links her die beiden Routen 36 und 37 einmünden. Wir gehen geradeaus bis zum Waldrand. Auf dem gleichen Strässchen bleibend, könnte man auf dem direkten Weg an der Kantonalen Psychiatrischen Klinik Neurheinau vorbei nach *Rheinau* gelangen. Viel reizvoller, die asphaltierte Strasse meidend, ist aber ein viertelstündiger Umweg. Wir schwenken daher am Waldrand nach rechts und folgen dem Wegweiser «Dachsen».

Linker Hand liegt das Rinauer Feld, ein ebenes Landwirtschaftsgebiet, das vom Gutsbetrieb der Klinik Rheinau durch die Stiftung «Fintan» nach biologisch-dynamischen Grundsätzen bebaut wird. Zudem werden auf dem Biohof in gegen hundert sozialtherapeutischen Heimplätzen psychisch und geistig Behinderte betreut.

Nach dem Überqueren der Strasse Marthalen – Rheinau treffen wir am Rheinufer auf die Route 35. Ein schmaler, abwechslungsreicher Hangpfad führt oberhalb des gestauten Stromes rheinabwärts direkt zum *Kraftwerk Rheinau.*

Das Elektrizitätswerk Rheinau wurde 1951/58 gegen massiven Widerstand der Natur- und Heimatschützer erstellt. Deshalb wurden grosse Anstrengungen unternommen, die technischen Eingriffe ins Landschaftsbild zu mildern. Mit dem Stauwehr kann ein Gefälle von 10,5 m genutzt werden. Zwei Stollen leiten das durch die Turbinen ausgenützte Wasser an der schmalsten Stelle der Halbinsel unterirdisch in den Rhein zurück. Beim Maschinenhaus findet der Interessierte ausführliche Orientierungstafeln.

Vom Stauwehr aus führt der gelb markierte Wanderweg direkt dem Wasser entlang. Wir geniessen den prächtigen Blick auf die Klosteranlage und bestaunen die gewaltigen, sanduhrförmigen Biberfrassspuren an meterdicken Pappelstämmen.

Darnach erreichen wir den von schönen, alten Gebäuden umrahmten Klosterplatz.

Das Frauengasthaus der ehemaligen Benediktinerabtei wurde 1585 als spätgotischer Repräsentationsbau über dem 100 m langen Klosterkeller erbaut. Die frühere Wagnerei, das so genannte Knechthaus aus dem Jahre 1619 besitzt ein schönes Krüppelwalmdach.

Klosterkirche Rheinau

Über die Brücke mit der Christophorus-Statue gelangt man in den eigentlichen Klosterbezirk von *Rheinau*, einzigartig gelegen auf der Insel in der grossen Flussschleife des Rheins.

Die Gründung des Benediktinerklosters Rheinau geht auf die erste Regierungszeit Karls des Grossen zurück. Es wurde 844 erstmals urkundlich erwähnt. (Siehe auch die Gründungssage auf Seite 155.) Von der einheitlichen Klosteranlage ist die Stiftskirche St. Maria das Prunkstück, das 1704–1711 anstelle einer romanischen Basilika in feierlichem Hochbarock erbaut wurde. Die ganze Anlage gehört dem Kanton Zürich und beherbergte bis 1999 die Kantonale Psychiatrische Klinik.

Wir verlassen nun die Abtei, steigen zum Dorf Rheinau hinauf und auf der andern Seite der Au ins Schwaderloch hinunter.

In Rheinau sind weitere ehrwürdige Bauten zu bestaunen: das Wellenbergsche Haus (1551) und das Ritterhaus von Waldkirch (1602) mit ihren markanten Treppengiebeln. Reizend liegt das Bergkirchlein an schöner Aussichtslage mit Blick auf die Klosterinsel und den bekannten Rebberg im «Chorb», wo der geschätzte «Chorbwein» gedeiht.

Auf der stattlichen, gedeckten Holzbrücke aus dem Jahre 1804 überschreiten wir die Landesgrenze nach Deutschland. Flussaufwärts ist das Hilfswehr zu erkennen, das die um die Halbinsel fliessende Restwassermenge reguliert.

Nach dem Zollhaus steigen wir rechts den Hangwald hinauf und erreichen die Terrasse oberhalb der Autostrasse. Durch den westlichen Dorfteil von Altenburg führt unser Weg am Rathaus vorbei zur Station *Altenburg – Rheinau*, die zwar in Deutschland liegt, aber wie die Orte Jestetten und Lottstetten, von den SBB mit der S 22 bedient wird.

DIE SAGE VON DER GRÜNDUNG DES KLOSTERS RHEINAU
Ein älterer Edelmann fühlte sich nicht mehr rüstig genug, um an Turnieren und bei der Jagd mitzumachen. Da er am Rhein in der Nähe von Schaffhausen Fischrechte besass, war er oft in seinem Boot und widmete sich dem Fischfang. Eines Tages, als er sich in seinem Kahn sehr müde fühlte, zog er die Angelrute ein und fuhr in eine Bucht am Rhein, wo er alsbald einschlief. Er merkte nicht, dass sein Kahn plötzlich flussabwärts trieb. Im Schlaf träumte er einen eigenartigen Traum: Er hörte ein gewaltiges Rauschen und Brausen und fühlte sich mitten in den Stürmen hoch hinauf gegen den Himmel getragen. Der Nachen des Schlafenden wurde bis zum Rheinfall getrieben und sauste dann über den donnernden Wasserfall in die Tiefe. Dort schaukelte das Boot ruhig auf dem Strom dahin. Der Edelmann erwachte erst, als sein Kahn weiter flussabwärts auf eine Insel zutrieb. Als er begriff, dass er schlafend unversehrt über den Rheinfall hinuntergestürzt war, lobte er Gott, dass dieser ihm sein Leben gerettet hatte und liess zum Dank auf der Insel im Rhein ein prachtvolles Kloster, die Benediktinerabtei Rheinau, bauen.

Klosterinsel Rheinau

Routen 43 44 45 46 47 48 49 50
Büsingen
Buchthalen
Stemmer
St. Katharinental
Feuerthalen
Flurlingen
Langwiesen
Paradies
Schaaren
Stn. Schlatt
Neuparadies
Willisd
Buechberg
Held
Basadinge
Cholfirst
Mörlen
Uhwiesen
Unterschlatt
Oberschlatt
Mettschlatt
Mett-Oberschlatt
Guggeeren
Benken (ZH)
Wildensbuch
Dickihof
Trüllikon
Rudolfingen
Grüthof
St. Marthalen
Truttik
Langenmoos
Radhof
Berg
Oerlingen
Husemer-See
Marthalen
Schneitenberg
Hard
Sonnenhof
Ossingen
Schl. Widen
Husen
Kleinandelfingen
Alten
Datwil
Gütighau
Engi
Andelfingen
Egg
Adlikon
Niederwil
Worbig
Humlikon
4 km

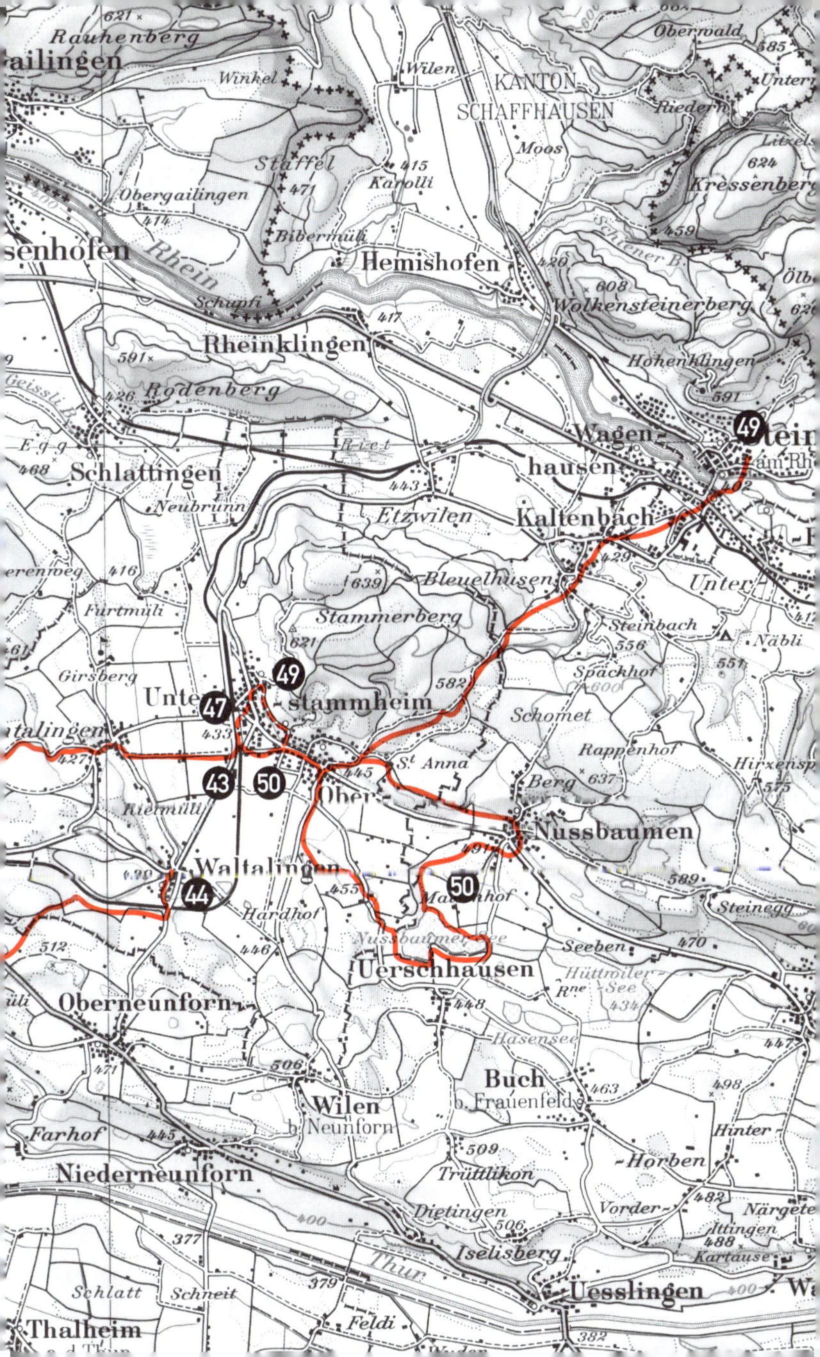

Rauhenberg
621
Winkel
Wilen
KANTON
SCHAFFHAUSEN
Oberwald
585
Riedern
Litzels
624
Kressenberg
Staffel
415
Karolli
471
Moos
Obergailingen
414
Bibermüli
Hemishofen
459
Schiener B.
senhofen
Rhein
Schupfi
426
608
Wolkensteinerberg
Ölbe
417
Rheinklingen
591
Rodenberg
426
Hohenklingen
591
49
Wagen
hausen
am Rh
Egg
468
Schlattingen
Rüet
443
Neubrunn
Etzwilen
Kaltenbach
429
416
639
Bleuelhusen
Unter
Furtmüli
Stammerberg
Steinbach
556
Näbli
621
551
49
Spackhof
600
Girsberg
582
47
stammheim
Schomet
433
Rappenhof
427
43
50
445
St Anna
Berg
637
Hirzensp
575
Rietmüli
Nussbaumen
491
Waltalingen
44
50
455
589
Hardhof
Steinegg
512
446
Nussbaumer See
Seeben
470
Uerschhausen
Hüttwiler-See
434
Oberneunforn
448
Hasensee
447
471
506
Buch
b. Frauenfeld
463
498
Wilen
b. Neunforn
Farhof
445
Hinter
509
Horben
Trüttlikon
Niederneunforn
482
Vorder
Nargete
Dietingen
506
Ittingen
488
400
Kartause
377
Iselisberg
Thur
379
Schlatt
Schneit
Uesslingen
400
Thalheim
Feldi
382

43

Andelfingen
Husen
Truttikon
Guntalingen
Stammheim

Wanderung durch gepflegtes Bauernland, über sanfte Moränenhügel und in hübsche Dörfer vom Thurtal in die Ebene von Stammheim.

Hinweg	Route	Höhe	Rückweg
	Andelfingen 🚆 🚌	399 m	3 Std. 05 Min.
50 Min.	Husen	410 m	2 Std. 10 Min.
1 Std. 40 Min.	Truttikon 🚌	464 m	1 Std. 20 Min.
2 Std. 35 Min.	Guntalingen 🚌	458 m	25 Min.
3 Std.	Stammheim Station 🚆 🚌	433 m	

Hinfahrt:	Mit S-Bahn S 33 nach Andelfingen
Rückfahrt:	Mit S-Bahn S 29 nach Winterthur oder mit PTT-Bus 605 nach Andelfingen, dann S-Bahn S 33

Von der Station *Andelfingen* aus (Dorfbeschreibung siehe S. 148) folgen wir dem Wegweiser «Truttikon» an der Kirche vorbei über Treppen und Fusswege zur gedeckten Thurbrücke, über die wir *Kleinandelfingen* erreichen. Wir schwenken nach rechts und folgen, an einem Campingplatz vorbei, dem Thurufer flussaufwärts. Kurz vor der Weinlandbrücke zweigt nach rechts die Route 44 ab, die weiter dem Thurufer folgt und ebenfalls nach *Husen* führt.

Wir aber wählen den 15 Minuten kürzeren Weg zum Weiler Husen, steigen gemäss dem Wanderwegweiser «Husen – Truttikon» leicht an und bestaunen hoch über unseren Köpfen die Konstruktion der weitgespannten Weinlandbrücke.

Die Weinlandbrücke wurde 1956/58 in Vorspannbeton erstellt. Sie überspannt die Thur mit einer Länge von 300 m, 40 m über dem Wasserspiegel. Um dem gewaltigen Verkehrsvolumen auf der Strecke Winterthur – Schaffhausen gerecht zu werden, musste um die Jahrtausendwende eine zweite Brücke parallel zur ersten erstellt werden.

Nach der Brücke streben wir dem Eisenbahndamm zu und wandern nach der Unterführung über ebenes Feld zum Wald hinter dem kleinen Pfaffensee. Nach dem Waldstück steigen wir durch einen Rebberg zum malerischen Weiler *Husen* hinauf.

Hinter der wunderschönen, geschlossenen Häusergruppe von Husen steht eine renovierte Kapelle aus dem Spätmittelalter, die bis 1652 als Pfarrkirche von Ossingen diente.

Über dem kleinen Bachtobel, dem wir nordwärts folgen, entdecken wir zwischen den Bäumen das *Schloss Widen.* Kurz darauf kreuzen wir die Strasse Andelfingen – Ossingen und gewinnen bald die Höhe des Moränenrückens. Links in der Talmulde liegt der Husemer See (siehe Route 48) und im Südosten erblicken wir die Hausdächer von *Ossingen.*

Nach dem Chastelhof steigen wir leicht an zum Moränenhügel des Hertlibucks, von wo wir am Gegenhang der Talmulde das schön geschlossene Haufendorf *Truttikon* vor uns erblicken. Wir befinden uns nun auf dem Europäischen Fernwanderweg 4 «Pyrenäen – Jura – Neusiedler See». Nach dem Dorf Truttikon schweift unser Blick vom Ochsenbüel bis zu den Alpen. Ein Waldweg nimmt uns auf und wir erreichen bald den Eichhof, von dem aus wir einen wunderbaren Blick über das Stammertal geniessen. Links thront auf kugelförmigem mit Reben besetzten Moränenhügel das Schloss Girsberg.

Wir steigen hinunter nach *Guntalingen,* dem überaus schmucken Riegelbaudorf, das zur Gemeinde *Waltalingen* gehört. An einem der stattlichen Fachwerkbauten steht der passende Hausspruch:

Wer stets in Treuen schafft sein Sach
Darf stolz sein auf sein Tor und Dach

Das letzte Teilstück unserer Wanderung führt den gelben Rhomben nach über die Schotterebene mit den besonderen Kulturen von Hopfen und Tabak zur Station *Stammheim.*

Hopfen

44

Andelfingen Thuruferweg Barchetsee Waltalingen

Genussreiche Wanderung auf dem idyllisch angelegten Thuruferweg aufwärts; im zweiten Teil durch Feld und Wald am Barchetsee vorbei zum Schloss Schwandegg.

Hinweg	Route	Höhe	Rückweg
	Andelfingen 🚆 🚌	399 m	3 Std. 40 Min.
1 Std. 55 Min.	vor Brücke Gütighausen	375 m	1 Std. 40 Min.
2 Std. 55 Min.	Barchetsee	464 m	45 Min.
3 Std. 40 Min.	Waltalingen 🚌	430 m	

Hinfahrt:	Mit S-Bahn S 33 nach Andelfingen
Rückfahrt:	Mit ZVV-Bus 605 nach Andelfingen und dann mit S 33 weiter

Vom Bahnareal in *Andelfingen* steigen wir, wie in Route 43 beschrieben, zur gedeckten Holzbrücke hinunter und schwenken auf der andern Seite des Flusses nach rechts in den Thuruferweg ein. Noch vor der Weinland – Strassenbrücke zweigt der direkte Weg nach Husen – Truttikon ab.

Wir aber bleiben am Flussufer und geniessen das schmale, erdige Waldweglein, das unter hohen Laubbäumen flussaufwärts führt. Schon bald bestaunen wir die faszinierende Eisenkonstruktion der Bahnbrücke. Ins Rauschen und Plätschern der Thur mischt sich das Vogelgezwitscher aus der Krone des Auenwaldes. Im Frühling überrascht uns der unverkennbare Ruf des Kuckucks. Am andern Ufer grüssen die Dächer des Weilers Dätwil. Bei der Bachmündung zwischen der «Gross- und Chli Au» zweigt nach rechts dem Bächlein entlang der Weg nach *Husen* und *Ossingen* ab.

Wir aber bleiben am Thurufer und unterqueren erneut eine hochgespannte, imposante Eisenbahnbrücke, über die man auf einem Fussgängersteg ans andere Ufer wechseln könnte.

Verträumter Winkel in Andelfingen

Nach der Bahnbrücke folgen wir weiter der Thur zur grossen Schlaufe im Naturschutzgebiet in der Tüfenau. Diese wunderbare Mäanderschlaufe könnte man auf einer markierten Abkürzung auslassen. (Zeitersparnis 15 Min.) Es wäre aber sehr schade, wenn man den einmaligen Uferweg und die herrlichen Rastmöglichkeiten auf den Kiesbänken direkt am Wasser verpassen würde.

Beim Austritt aus dem Auenwald erblicken wir die Eisenbrücke und die Häuser von *Gütighausen.* Für uns heisst es Abschied nehmen von der Thur; wir schwenken im rechten Winkel weg und folgen dem Wanderweg «Barchetsee – Stammheim».

Schloss Schwandegg

Die beiden nur rund 2 km auseinanderliegenden Eisenbahnbrücken stammen aus der Zeit des Eisenbahnfiebers im vorletzten Jahrhundert. 1857 wurde die Rheinfallbahn Winterthur – Schaffhausen mit der Brücke bei Andelfingen eröffnet. Bereits 20 Jahre später baute die «Nationalbahn» die Brücke bei Ossingen, die heute mit 332 m die längste Eisenbahnfachwerkbrücke der SBB ist. Und wieder 20 Jahre später (1897) errichtete die Nordostbahn-Gesellschaft den kühnen Eisenbahnviadukt bei Eglisau für die kürzeste Bahnverbindung zwischen Schaffhausen und Zürich.

Bei den «Ziegelhütten» queren wir die Strasse Ossingen – Gütighausen und streben dem Waldrand neben dem Weiler Burghof zu. Bevor wir in den Wald eintreten, wenden wir uns nochmals, überblicken das mit sanften Hügeln durchzogene Thurtal und erkennen am Horizont Säntis, Churfirsten und Glärnisch. Im Pfarrholz treffen wir auf zwei verträumte Waldweiher und kurz darnach auf eine Wildschwein – Suhle und einen etwas entfernten Beobachtungsturm. (Genaueres siehe Route 47)

Unser Weg führt nun in den Kanton Thurgau an der Langmüli vorbei zum *Barchetsee.*

Der Barchetsee mit seinen grossen Schilfbeständen und das nördlich anschliessende Moos sind Naturschutzgebiete und gehören zur Moränenlandschaft der Andelfinger Seenplatte, wie die bekannteren Husemer- und Nussbaumer Seen. Im Barchetsee befinden sich schwimmende Inseln aus Schwinggrasrücken, die je nach Windrichtung ihren Standort verändern.

Wir umgehen grossräumig das Schutzgebiet und treffen am Waldrand, wo wir scharf nach links abbiegen, wieder auf die Kantonsgrenze TG / ZH. Nach dem Wald folgen wir der Bahnlinie und treten kurz nach der Überführung ins malerische Riegelbau-Dorf *Waltalingen ein.*

Das schmucke, kleine Haufendorf Waltalingen bildet mit Guntalingen und dem Hof Girsberg zusammen die kleinste Gemeinde des Stammertales. Sehenswert ist neben den schönen Fachwerkbauten aus dem 18. Jahrhundert die architektonisch eigenwillige Antoniuskapelle mit ihren bemerkenswerten spätgotischen Fresken.
Über Waltalingen thront das Schloss Schwandegg, das im 13. Jahrhundert von kyburgischen Dienstleuten erbaut wurde und heute im Besitz des Kantons Zürich ist.

Zum Abschluss der Wanderung löschen wir vielleicht den Durst auf der Schlossterrasse und geniessen den Blick auf die ziegelroten Dächer von Waltalingen und in die grüne Landschaft.

Antoniuskapelle in Waltalingen

45

Andelfingen Husemer See Trüllikon Cholfirst Schaffhausen

Längere Wanderung von Andelfingen, dem Bezirkshauptort des Weinlandes, zum verborgenen Idyll des Husemer Sees und über den bewaldeten Cholfirst nach Schaffhausen, der Munot-Stadt am Rhein.

Hinweg	Route	Höhe	Rückweg
	Andelfingen 🚆 🚌	399 m	4 Std. 50 Min.
1 Std. 10 Min.	Husemer See	409 m	3 Std. 35 Min.
1 Std. 50 Min.	Trüllikon 🚌	434 m	3 Std.
2 Std. 45 Min.	Hochwacht ob Wildensbuch	549 m	2 Std. 15 Min.
3 Std. 35 Min.	Kyburgerstein	539 m	1 Std. 25 Min.
4 Std. 15 Min.	Feuerthalen 🚌	429 m	25 Min.
4 Std. 40 Min.	Schaffhausen Bahnhof 🚆 🚌	403 m	

Hinfahrt:	Mit S-Bahn S 33 nach Andelfingen
Rückfahrt:	Mit S-Bahn S 33 via Andelfingen oder S 22 via Bülach

Der Bahnhof des ländlichen Bezirkshauptortes *Andelfingen* ist unser Ausgangspunkt. Wir benützen den gleichen Weg wie Route 43 an die Thurbrücke hinunter und weiter bis zur Weinlandbrücke der A4. Nach der hohen Strassenbrücke biegen wir im rechten Winkel gemäss dem Wanderwegweiser «Husemer See – Schaffhausen» nach rechts ab. Die gelben Richtungszeiger weisen uns sicher unter der Bahnlinie hindurch und auf einer Brücke über die Strasse von Ossingen bis zum Grosssee.

Der Grosssee und die vielen kleinen Weiher der Umgebung gehören mit den verstreuten einzelnen Hügeln zur viel gestaltigen Moränenlandschaft der so genannten Andelfinger Seenplatte.

Nach dem Grosssee biegen wir nach rechts und streben dem Waldrand zu. Im ausgedehnten, mit hohen Föhren durchmischten Laubwald, überqueren wir die Strasse Ossingen – Oerlingen und erreichen über den Schneitenberg die Mulde, in der sich das Naturschutzgebiet um den Husemer See ausdehnt. An einem der kleinen Badeplätze am stillen Gewässer können wir uns beim ersten Stundenhalt entspannen. (Näheres vom Husemer See siehe Route 48)

Dem Zuflüsschen entlang verlassen wir den See und umgehen zwei kleinere Weiher sowie den Moränenhügel «Chräienbuck».

Das Gebiet um den Husemer See war schon seit dem Neolithikum bewohnt. Am Ostrand des Sees wurden Spuren von Pfahlbauten entdeckt und auf den umliegenden Moränenhügeln lassen sich Gräber aus der Spätbronze-, Römer- und Alemannenzeit nachweisen.

Beim einsamen Hof Maienbuck steigen wir auf einem Wiesenweg bergan und folgen dann der Geländekante zu einem Rebberg. Dieser Südhang bietet uns eine schöne Aussicht über die Äcker von Oerlingen gegen den bewaldeten Irchel. Nach dem Weinberg führt ein asphaltiertes Strässchen nach *Trüllikon*, das in einer grossen Geländefalte am südlichen Ausläufer des Cholfirsts eingebettet ist.

Unterhalb der modernen Kirche von Trüllikon mit ihrem pyramidalen Turm steht das ehemalige «Schloss». In ihm wohnte im 17. Jahrhundert der Gerichtsherr Hans Heinrich Bürkli, der berühmteste Einwohner des Dorfes, der vom Kürschnergesellen zum kaiserlichen Feldmarschall aufgestiegen war.

Im Dorfzentrum von Trüllikon biegen wir zwischen dem Gasthaus «zum Ochsen» und der rund 200-jährigen Linde nach links und gewinnen, ein neues Eigenheimquartier querend, an Höhe. Unser Weg führt nun durch den Grüt-Wald. Beim Waldaustritt zeigen uns die gelben Wegweiser für die Fortsetzung unserer Wanderung zwei Varianten an:

– Nach links führt der Wanderweg am einsamen Gehöft Grut vorbei über das kleine Dorf *Wildensbuch* auf den Cholfirst.

– Nach rechts stossen wir an der Strasse von Trüllikon auf Route 47, die ebenfalls über die ehemalige Hochwacht auf den Cholfirst hinaufführt. (Genaueres siehe Route 47)

Auf dem bewaldeten Rücken des *Cholfirsts* beachten wir die gelben Wegweiser «Kyburgerstein». Unser Waldweg führt unter dem Blätterdach der hochstämmigen Laubbäume mehr oder weniger der Kantonsgrenze Zürich/Thurgau entlang. Beim «Hohmarkstein», dem *Kyburgerstein* gibt der Wald bei einem Rastplatz den Blick in die Tiefe frei.

Dieser Markstein trägt die Inschrift G Kyburg 1756 und auf der Gegenseite St. Diessenhofen. Er bezeichnete die alte Herrschaftsgrenze zwischen der zürcherischen Grafschaft Kyburg und der Stadt Diessenhofen.

Vom Kyburgerstein könnte man in 25 Minuten direkt zur Haltestelle Langwiesen absteigen. Wir aber folgen weiter der Geländekante. Da der Sturm «Lothar» im Dezember 1999 an der Hangkante entlang viele alte Bäume entwurzelt hat, können wir immer wieder die Aussicht auf die Rheinlandschaft geniessen.

Wir erkennen unter uns Langwiesen, rechts das ehemalige Klarissinnenkloster Paradies aus dem Jahre 1587 und noch weiter rechts das Städtchen Diessenhofen. Gegen Nordosten blicken wir nach Dörflingen und dem badischen Gailingen ennet dem Rhein. Am Horizont erheben sich die Hegauvulkane.

Wir setzen unseren Weg der Geländekante entlang fort und schwenken bei der in Route 46 erwähnten 320-jährigen Stieleiche nach rechts in den Stadtweg ein. Auf diesem Waldsträsschen gehts nun unter dem kühlen Blätterdach abwärts. Beim Schwarzbrünneli treten wir bei der grossen Sportanlage mit Ruhebänken und reich ausgestaltetem Kinderspielplatz aus dem Wald.

Wer es nicht schätzt nach einer langen Wanderung die letzte halbe Stunde auf asphaltierten Strassen durch Häuserzeilen zu marschieren, kann beim Restaurant Schwarzbrünneli das Postauto zum Bahnhof Schaffhausen besteigen.

Zu Fuss gehts auf Quartierstrassen durch *Feuerthalen* hinunter zum Rhein. Auf der andern Stromseite erhebt sich das mächtige Wahrzeichen Schaffhausens, der Munot. Wir überschreiten den Rhein auf der breiten Strassenbrücke und gelangen an malerischen Häusern der Altstadt vorbei zum Bahnhof *Schaffhausen.*

Weinbergschnecke

46

Neuhausen
Antennenturm
Cholfirst
Unterschlatt

Erholsame Halbtagswanderung auf schönen Naturwegen über den bewaldeten Cholfirst in die weite Talmulde von Schlatt.

Hinweg	Route	Höhe	Rückweg
	Neuhausen Bahnhof	397 m	2 Std. 20 Min.
10 Min.	Flurlingen	395 m	2 Std. 20 Min.
55 Min.	Cholfirst Antennenturm	570 m	1 Std. 40 Min.
2 Std. 20 Min.	Unterschlatt	415 m	

Hinfahrt:	Mit S-Bahn S 22 oder S 33 nach Neuhausen
Rückfahrt:	Mit Bus von Unterschlatt zur Station Schlatt, dann mit MThB bis Schaffhausen

Durch die Unterführung beim Bahnhof *Neuhausen* gelangen wir zur Rheinbrücke und über diese nach *Flurlingen* auf der Zürcher Seite des Stromes. Der gelbe Wegweiser «Antennenturm» lenkt uns beim Brückenkopf nach links in den alten Dorfkern. Durch neuere Wohnquartiere steigen wir steil aufwärts zur Unterführung bei der Autostrasse N4. Dem Strassenbord entlang wurde durch die Kantonale Baudirektion und die Gemeinde Flurlingen das ausgedehnte Schulbiotop «Eidechse» mit aufschlussreichen Orientierungstafeln angelegt. Am Schützenhaus vorbei erreichen wir den Sportplatz, von dem aus wir einen ersten Blick über Neuhausen und Schaffhausen ennet dem Rhein gewinnen, bevor wir in den Wald eintreten.

Nun beginnt unser Aufstieg auf einer etwas steilen Waldstrasse zum 110 m hohen *Antennenturm* auf dem *Cholfirst.*

Die auf 43 m Höhe luftige Aussichtsterrasse des Turmes ist über eine Wendeltreppe frei zugänglich. Die Treppensteiger werden durch die Aussicht auf die Rheinlandschaft um Schaffhausen, die Wälder des Randens, die erloschenen Vulkankegel des Hegaus und das Zürcher Weinland reichlich belohnt. Neben dem Turm laden Tische, Bänke und ein Grillplatz unter schattenspendenden Buchen zum Rasten ein.

Wir halten uns an den Wegweiser mit dem Fernziel «Stammheim» und biegen etwa 100 m nach dem Turm von der Waldstrasse ab. Ein romantischer Waldpfad nimmt uns auf und ein jubilierender Vogelgesang erfreut unser Gemüt. Wir schlendern weiter durch den Laubwald und kreuzen bald den Waldlehrpfad, der von Feuerthalen nach Benken führt.

Hier bestaunen wir den Querschnitt des mächtigen Stammes einer rund 320 Jahre alten, 1970 gefällten Stieleiche. Als ganz junges Pflänzchen erlebte diese Eiche das Ende des Dreissigjährigen Krieges 1648, und als mächtiger Baumveteran mit einigen Metern Stammumfang überlebte sie 1939/45 den Zweiten Weltkrieg. Leider hat auch hier der Orkan «Lothar» am Stephanstag 1999 mit unglaublicher Wucht gewaltige Verwüstungen angerichtet.

Unser Weg quert zwischen gepflegten Äckern die grosse Rodung beim Hof Grüt. Am Waldsaum treffen wir auf einen Rastplatz mit einem Brunnen. Hier nimmt uns wieder das wunderbare Blätterdach des Laubwaldes auf, der im Frühling in zartem Grün und im Herbst in bunten Farben leuchtet.

Beim Parkplatz «Waldhütte» schwenken wir nach links vom Cholfirstplateau weg. Ein Strässchen mit Hartbelag führt uns auf Thurgauer Boden an den Waldrand, wo wir unsern Blick schweifen lassen über die sanfte Mulde von Schlatt und gegen die weithin sichtbare Kirche von Gailingen, hinter der die Vulkankegel des Hegaus aufsteigen. Zwischen den bewaldeten Kuppen des Roden- und des Stammerberges ist bei klarer Sicht sogar ein Teil des deutschen Unterseeufers erkennbar. Durch die Häusergruppe von Fallentor erreichen wir das Dorfzentrum von *Unterschlatt.*

Vielleicht reicht es noch bis zur Busabfahrt, die aus dem Jahre 1714 stammende Kirche mit den von Carl Roesch 1922 gemalten Gleichnisscheiben zu besichtigen. Im Pfarrhaus sind Teile des Burgturms der Herren von Schlatt erhalten geblieben.

«Förrigeli» oder Kiefernzapfen

47

Stammheim Guntalingen Cholfirst Uhwiesen Laufen am Rheinfall

Tageswanderung vom fruchtbaren Stammertal durch die ausgedehnten Laubmischwälder des Cholfirstes zum faszinierenden Rheinfall.

Hinweg	Route	Höhe	Rückweg
	Stammheim Station	433 m	4 Std. 45 Min.
25 Min.	Guntalingen	420 m	4 Std. 20 Min.
3 Std.	Cholfirst Hochwacht	549 m	1 Std. 45 Min.
4 Std. 15 Min.	Uhwiesen	459 m	30 Min.
4 Std. 45 Min.	Laufen am Rheinfall	409 m	

Hinfahrt:	Mit S-Bahn S 29 ab Winterthur oder ZVV-Bus 605 ab Andelfingen
Rückfahrt:	Mit S-Bahn S 33 ab Laufen

Das erste Teilstück unserer ausgedehnten Wanderung führt von der Station *Stammheim* über das fruchtbare, ebene Feld Richtung Guntalingen.

Auffallend sind die hohen Stangengerüste mit Drahtseilbespannungen, an deren Steigdrähten die mehrjährigen Hopfenpflanzen bis zu acht Metern hinaufranken. Nicht minder auffallend sind die gelbgrünen, zur Blütezeit rosarot überhauchten Tabakfelder. Diese beiden Spezialkulturen geben dem Stammertal im Sommer ein eigenes, fast exotisches Gepräge.

Am Ende der flachen Schotterebene steigen wir leicht an durch das malerische Dorf *Guntalingen.* Da reiht sich beidseits der Strasse mit Liebe gepflegt und mit Blumen geschmückt ein Riegelhaus ans andere. Oberhalb des Dorfes biegen wir beim Eichhof nach rechts ab und geniessen den Ausblick aufs durchwanderte Stammertal und den Stammerberg. Linker Hand thront auf rebenbewachsenem Moränenkegel das Schloss Girsberg. Nach einem kleinen Waldstück durchqueren wir die grosse Rodung mit den drei Bauernhöfen Wald-, Ried- und Mattenhof. Am Waldrand gegenüber einer kleinen Riedfläche achten wir genau auf den gelben Wegweiser «Wildensbuch». Unser Weg führt durch wunderschöne Laubmischwälder mit begrüntem Boden meist der Thurgauer Kantonsgrenze entlang. Der aufmerksame Beobachter entdeckt da und dort unweit des Weges Spuren von Wildschweinen.

Das Schwarzwild wurde in der Schweiz im 18./19. Jahrhundert ausgerottet. Doch heute ist es, wahrscheinlich aus den grossen Wäldern Süddeutschlands eingewandert (Wildschweine sind gute Schwimmer), wieder heimisch geworden. Das Schwarzwild gehört zu den Allesfressern: Früchte, Eicheln, Buchnüsse, Kartoffeln, Mais, aber auch Schnecken, Würmer, Mäuse und anderes Kleingetier. Auf den nächtlichen Streifzügen durchpflügen die Rudel ganze Äcker. Daher sind die Tiere bei den Bauern nicht gerade beliebt. Man versucht sie deshalb mit tiefgespannten Elektrozäunen, wie der Wanderer sie im Weinland an waldangrenzenden Äckern oft sieht, fernzuhalten. Im Kt. Thurgau besteht ein vollständiges Jagdverbot, im Kt. Zürich nur für Jungtiere und die sie begleitenden Muttertiere, die Bachen.

Noch im Wald treffen wir auf die asphaltierte Strasse, die von Trüllikon her führt. Ihr folgen wir wie Route 45 etwa 500 m über offenes Land. Linker Hand grüssen die Häuser von *Wildensbuch*. Auf einem Feldweg steigen wir weiter bergan über die Hochwacht bis zum Parkplatz «Waldhütte», wo nach rechts die Route 46 nach Schlatt abzweigt. Nach etwa 200 m steht etwas abseits der Strasse die gepflegte Chrummweghütte mit ihrem einladenden gedeckten Sitz- und Cheminéeplatz.

Etwas weiter nordwärts stossen wir auf eine spitzwinklige Gabelung, wo die Route 46 nach rechts abzweigt. Wir aber wählen gemäss dem Wegweiser «Rheinfall» den schmalen Pfad nach links. Hier finden wir viele eigenartige «Tannzapfen» mit abstehenden gefiederten Schuppen.

Diese Zapfen stammen von der in Nordamerika beheimateten Douglasie, auch Douglastanne genannt. Die mächtigen, hohen Stämme mit tiefrissiger Borkenrinde lassen unseren Blick gegen den Himmel schweifen zur prächtigen, spitzkegelförmigen Krone. In ihrer Heimat kann die Douglasie bei mehrhundertjährigem Alter über 100 m hoch und 4 m stark werden.

Bald schwenken wir auf unserem Weg nach links und verlassen das Plateau des Cholfirstes Richtung *Uhwiesen*. Noch vor den ersten Häusern steigen wir von der geteerten Strasse weg, dem Wegweiser «Rheinfall» folgend, rechts aufwärts und geniessen dann durch die Rebberge wandernd den Blick über die Rheinlandschaft und aufs Dorf Uhwiesen mit der kleinen Kapelle, in der Fresken aus vorreformatorischer Zeit zu bewundern sind.

Die gelben Wegmarkierungen weisen uns sicher unter dem Strassengewirr der Autobahnzubringer hindurch zum *Schloss Laufen*.. Nach ausgedehnter Wanderung haben wir unser Ziel erreicht und besuchen als krönenden Abschluss den *Rheinfall,* das grandiose Naturschauspiel. (Genaueres siehe Routen 36 und 40)

Die Station *Laufen* befindet sich unmittelbar unterhalb des Schlosses. Sie ist unbedient und vergeblich sucht man einen Billett-Automaten. Es ist wohl einmalig, dass der Reisende mit freundlichem Hinweis aufgefordert wird, seine Fahrkosten am Ende der Fahrt zu begleichen.

Tabak und Hopfen im Stammertal

48

Marthalen
Husemer Seen
Ossingen

Leichte Halbtagswanderung über offenes, sonniges Bauernland zum ausgedehnten Naturschutzgebiet um die Husemer Seen.

Hinweg	Route	Höhe	Rückweg
	Marthalen Station 🚂 🚌	392 m	1 Std. 50 Min.
40 Min.	Oerlingen	405 m	1 Std. 10 Min.
1 Std. 10 Min.	Husemer See	409 m	40 Min.
1 Std. 50 Min.	Ossingen 🚂 🚌	427 m	

Hinfahrt:	Mit S-Bahn S 33 oder ZVV-Bussen 620, 621 oder 630 nach Marthalen
Rückfahrt:	Mit S-Bahn S 29 oder ZVV-Bus 621 nach Marthalen und weiter mit der S 33

Gemäss dem gelben Wegweiser «Oerlingen – Husemer Seen» wenden wir uns von der Station *Marthalen* nach Südosten und überqueren kurz darauf die Verbindungsstrasse Marthalen – Rudolfingen. Ein Feldweg führt uns über offenes Ackerland mit grossen, gepflegten Feldern gegen Oerlingen. Rechter Hand erkennen wir hinter der Bahnlinie in einer Mulde eingebettet das hübsche Dorf Marthalen.

Am Dorfrand von *Oerlingen,* das politisch zu Kleinandelfingen gehört, folgen wir dem Niderbach, dem Abfluss des Husemer Sees. Eine Unterführung bringt uns gefahrlos auf die andere Seite der Weinland-Autobahn, der wir vorerst etwa 200 m folgen. Vor uns liegt das *Oerlinger Ried,* das in den letzten Jahren durch gezielte naturschützerische Massnahmen zu einem biologisch wertvollen Feuchtgebiet wurde, in dem heute über hundert Vogelarten beobachtet werden können.

Auf der Falmerrietstrasse erreichen wir durch einen schönen Mischwald den *Husemer See.*

Die verschiedenen Weiher um den Husemer See gehören zur Moränenlandschaft der Andelfinger Seenplatte. Das glaziale Überbleibsel mit den vielen, meist nur noch kleinen Flachmooren, Seelein und Tümpeln zwischen den Bucks genannten Moränenhügeln war einst ein einziges zusammenhängendes Feuchtgebiet. Charakteristisch sind die zum Teil kreisrunden Söllseen, auch Toteisseen genannt, die ihren Ursprung in «toten» gewaltigen Eisbrocken haben, die der abschmelzende Gletscher liegengelassen hat. Der geschützte Husemer See ist mit seiner Umgebung ein Moorgebiet von nationaler Bedeutung, bei dem es gelungen ist, durch eine sorgfältige Planung den Anliegen des Naturschutzes und der Erholungssuchenden einigermassen gerecht zu werden. So ist im westlichen Teil des Sees das Baden erlaubt und für die immer grösser werdende Schar von Ausflüglern steht eine begrenzte Liegewiese mit Feuerstellen zur Verfügung.

Unser Weg führt auf der Südseite des Naturschutzgebietes vorbei und später durch einen Rebhang hinab. Schon bald leuchtet uns der Käsbissen-Kirchturm von *Ossingen* entgegen.

Zaunwicke

49

Stammheim
Oberstammheim
Stammerberg
Stein am Rhein

Mühelose Wanderung über den bewaldeten Rücken des Stammerberges zum städtebaulichen Kleinod Stein am Rhein.

Hinweg	Route	Höhe	Rückweg
	Stammheim Station	433 m	2 Std.
15 Min.	Oberstammheim	445 m	1 Std. 45 Min.
1 Std. 25 Min.	Kaltenbach	429 m	25 Min.
1 Std. 45 Min.	Stein am Rhein Station	413 m	10 Min.
2 Std.	Stein am Rhein Städtchen	402 m	

Hinfahrt:	Mit S-Bahn S 29 nach Stammheim
Rückfahrt:	Mit S-Bahn S 29 Richtung Winterthur oder mit dem Schiff nach Diessenhofen – Schaffhausen Kurs 2820 ab Stein am Rhein

Tallmüli bei Oberstammheim

Von der Station *Stammheim* folgen wir dem Weg durch *Oberstammheim* bis zur sehenswerten *Galluskapelle,* wie er in Route 50 ausführlich beschrieben ist.

Kurz nach der Galluskapelle, der ältesten Pfarrkirche des Tales, schwenken wir gemäss dem gelben Wegweiser «Stein am Rhein» links zum Waldrand hinauf. Wir erblicken die malerische Häusergruppe der Tallmüli. Eine gute Naturstrasse führt uns durch den prächtigen Hochwald auf dem breiten Rücken des Stammerberges, und wir geniessen die wohltuende Stille unter dem grünen Blätterdach. Nach der Kantonsgrenze senkt sich der Weg auf Thurgauer Boden, und schon bald stehen wir am Waldrand. Wir überblicken das breite, fruchtbare Tal und den Untersee. Über Stein am Rhein thront die stolze Burg Hohenklingen, und in der Ferne streben die erloschenen Vulkankegel des Hegaus gegen den Himmel.

Auf asphaltierten Strässchen erreichen wir nach den Dörfchen Bleuelhusen und *Kaltenbach* die Bahnstation *Stein am Rhein.*

Wir dürfen auf keinen Fall unsere Rückfahrt antreten, ohne das bezaubernde mittelalterliche Brücken- und Klosterstädtchen Stein am Rhein besucht zu haben.

Ein ganz besonderes Erlebnis bietet zum Abschluss unseres Wandertages eine Schifffahrt von Stein am Rhein nach Diessenhofen oder Schaffhausen, eine der schönsten Stromfahrten Europas, wie Kenner behaupten.

Stein am Rhein, das städtebauliche Kleinod im Kanton Schaffhausen, ist ein Parade-Beispiel eines gut erhaltenen mittelalterlichen Brückenkopfes mit malerischem Marktplatz, umrahmt von reich verzierten Bürgerhäusern mit schmucken Erkern und weit ausladenden Giebeln. Die Entwicklung des einstigen Fischerdörfchens begann ums Jahr 1000 n. Chr. mit dem Bau der Benediktinerabtei St. Georgen. Die Stadt Stein vermehrte stetig ihre Herrschafts- und Handelsrechte und erreichte um 1500 herum ihre Blütezeit. Die im deutschen Sprachraum besterhaltene, der Öffentlichkeit zugängliche benediktinische Klosteranlage, die stattlichen Fachwerkbauten, üppig bemalten Fassaden, vielen stillen Winkel und nicht zuletzt die einladende Uferpromenade sowie das reiche Angebot an Gaststätten locken täglich unzählige Touristen an.

50

Stammheim
Nussbaumen
Nussbaumersee
Stammheim

Eine aussichtsreiche, sonnige Frühlingswanderung am Fuss des Stammerberges zu einer idyllischen Seenlandschaft.

Hinweg	Route	Höhe	Rückweg
	Stammheim Station 🚂 🚌	433 m	2 Std. 45 Min.
1 Std.	Nussbaumen 🚌	491 m	1 Std. 50 Min.
1 Std. 30 Min.	Nussbaumersee	434 m	45 Min.
2 Std. 45 Min.	Stammheim Station 🚂 🚌	433 m	

Hinfahrt:	Mit S-Bahn S 29 nach Stammheim Station
Rückfahrt:	Mit S-Bahn S 29 ab Stammheim Station

Die *Station Stammheim* liegt zwischen den beiden Dörfern Unter- und Oberstammheim, die mit ihren erhaltenswerten, charakteristischen Ortsbildern voller hablicher Riegelbauten und blumengeschmückter Brunnen zu den bekanntesten Schmuckstücken des Zürcher Weinlandes zählen.

Vom Bahngelände aus wandern wir an den Schulhäusern vorbei nach *Oberstammheim* und gelangen beim Gasthof «Schwert» zur Hauptstrasse. An gut instandgehaltenen Fachwerkbauten vorbei, unter anderem am Geburtshaus von Prof. Huber, dem Schöpfer des Schweizerischen Zivilgesetzbuches, erreichen wir den Dorfplatz mit dem grossartigen, achteckigen Brunnen. Neben dem stattlichen Gemeindehaus und der Wirtschaft «zur Linde» steht eine mächtige Freiheitslinde aus dem Jahre 1798. Weitere eindrückliche Bauten säumen die Strasse bis zum Hirschenplatz. Der wuchtige Riegelbau des Gasthofes «zum Hirschen» von 1684, zweifellos einer der schönsten Fachwerkbauten der Ostschweiz, ist als «Sujet unzähliger Kalenderbilder» weitherum bekannt.

Hier am Hirschenplatz wenden wir uns bergwärts und steigen durch den Rebhang zur *Galluskapelle* hinauf.

Die an prachtvoller Aussichtslage gelegene Galluskapelle stammt aus dem 9. Jahrhundert und birgt in ihrem Innern gut erhaltene, wertvolle Fresken aus dem 14. Jahrhundert. Diese zeigen die Schöpfungsgeschichte und Szenen aus dem Leben und Sterben Jesu.

Die gelben Wegzeichen weisen uns weiter ostwärts. Nach links blicken wir ins kleine Tälchen mit der markanten Häusergruppe der Tallmüli. Nun zweigt die Route 49 nach Stein am Rhein links ab. Wir ziehen weiter geradeaus dem Südhang des Ölenberges entlang. Dieses Wegstück mit der freien Sicht über das offene Land bis zum Säntis und den Glarner Alpen gilt als einer der schönsten Panoramawege des Stammertales.

Wir überschreiten die Grenze zum Kanton Thurgau und erreichen *Nussbaumen.* Auf breiter Strasse ziehen wir durch das kleine Dorf und kreuzen beim Gasthof «Löwen» die Autostrasse. Beim «3-Seen-Hof» führt der Wanderweg in grossem Rechtsbogen in die Talmulde hinab zu einem Wäldchen, hinter dem sich das reiche Vogelparadies am *Nussbaumersee* ausdehnt.

In der letzten Eiszeit lagerte der rechte Arm des Thurgletschers bei seinem Rückzug mächtige Stirnmoränen ab, die das Tal zwischen Stammheim und Wilen sperrten. Dahinter blieben so genannte Toteismassen liegen, in deren Mulden sich der Nussbaumer-, Hüttwiler- und Hasensee bildeten. Die im Zweiten Weltkrieg durchgeführte Absenkung verhalf den Bauern zu heute fruchtbarem Ackerland. Die Uferzone ist durch Gebüsch und Schilf längst wieder eine reichhaltige, unter Schutz stehende Naturlandschaft geworden.

Bevor wir aus dem kleinen Wäldchen treten, lenkt uns der Wegweiser «Seerundgang» auf einen schmalen Pfad. Dieser führt uns, stets in rücksichtsvollem Abstand zum Wasser, rund um das idyllische Naturschutzgebiet des Nussbaumersees. Dabei treffen wir auf einen Vogelbeobachtungsturm und zwei wunderschöne Rastplätze direkt am See, von denen aus das Baden erlaubt ist.

Unsern Seerundgang beenden wir im «Moos», steigen westwärts leicht an und bummeln nun durch eine traumhafte, sanft gewellte Moränenlandschaft unserem Ausgangspunkt zu. *Oberstammheim* erreichen wir beim bereits bekannten Hirschenplatz. Durch das Dorf wandernd bestaunen wir nochmals all die stilvollen Riegelbauten, schwenken beim «Schwert» nach links und erreichen an der äusserst sorgfältig gepflegten Staudengärtnerei Friedrich vorbei die *Station Stammheim.*

Lohnend ist auch ein Besuch von *Unterstammheim.* Beim Gasthof «Schwert» schwenkt man statt nach links zum Bahnhof nach rechts und wandert in 10 Min. durch die Reben zur Kirche von Unterstammheim. Reichgegliederte Riegelbauten schmücken das Dorf. Eines der Schmuckstücke ist das 1530 erbaute und 1960 vollkommen renovierte Gemeindehaus. Sehenswert sind seine 25 Wappenscheiben aus der Zeit von 1531–1680 und das Heimatmuseum im Dackstock. Am so genannten «Girsbergerhaus» aus dem 15. Jahrhundert ist die spätmittelalteriche Bauart der Fachwerktechnik zu bewundern.

Galluskapelle

Verkehrsverbindungen

Der sprechende Fahrplan:
Tel. 157 02 22
Der Fahrplan im Internet:
http://www.sbb.ch

Bahnlinien

S 5	760	Zürich – Bülach – Rafz
S 5	760	Zürich – Oberglatt – Niederweningen
S 6	703	Zürich – Regensdorf – Watt – Baden
S 12	710	Zürich – Baden – Brugg
S 22	760	Bülach – Rafz – Schaffhausen
S 29	821	Winterthur – Stein am Rhein
S 33	762	Winterthur – Schaffhausen
S 41	701	Winterthur – Bülach – Zurzach
	820	Schaffhausen – Stein am Rhein – Kreuzlingen

Buslinien

Region Limmattal

ZVV 344	710.70	Zürich Frankental – Weiningen – Oetwil a. d. L.
ZVV 382	710.70	Urdorf – Schlieren – Weiningen
ZVV 390	710.70	Urdorf – Dietikon – Oetwil a. d. L.

Region Furttal und Glatttal

ZVV 450	703.20	Regensdorf – Boppelsen – Otelfingen
ZVV 452	703.20	Buch – Dällikon – Regensdorf – Ziegelhütte
ZVV 456	703.20	Regensdorf – Ziegelhütte – Dielsdorf
ZVV 485	703.20	Zürich Frankental – Regensdorf – Buchs
ZVV 491	703.20	Zürich Zehntenhausplatz – Hüttikon – Würenlos
ZVV 797	750.10	Zürich Seebach – Rümlang – Oberhasli

Region Unterland

ZVV 510	760.10	Zürich Flughafen – Oberglatt – Stadel
ZVV 515	760.15	Bülach – Weiach – Kaiserstuhl

ZVV 520	750.20	Kloten – Embrach – Teufen
ZVV 525	760.25	Bülach – Höri – Steinmaur
ZVV 527	760.20	Bülach – Höri – Dielsdorf
ZVV 530	760.30	Bülach – Winkel – Kloten – Zürich Flughafen
ZVV 535	761.15	Dielsdorf – Bachs – Stadel
ZVV 540	760.40	Glattfelden Bahnhof – Zweidlen
ZVV 545	760.35	Hüntwangen – Wil – Wasterkingen
ZVV 555	761.55	Schöfflisdorf – Oberweningen – Schleinikon
ZVV 593	760.23	Dielsdorf Bahnhof – Regensberg

Region Weinland / Winterthur

ZVV 605	762.15	Andelfingen – Ossingen – Oberstammheim
ZVV 620	762.20	Marthalen – Rheinau
ZVV 621	762.21	Marthalen – Ossingen
ZVV 630	762.30	Schaffhausen – Uhwiesen – Marthalen
ZVV 631	762.30	Schaffhausen – Feuerthalen – Flurlingen
ZVV 632	762.30	Schaffhausen – Feuerthalen – Uhwiesen – Dachsen
ZVV 670	750.70	Winterthur – Buch am Irchel – Flaach
ZVV 675	750.75	Winterthur – Rutschwil – Flaach – Rafz

Schifffahrtslinien

3760	Eglisau – Rheinfall
3761	Rheinau – Rheinfall
3762	Eglisau – Tössegg – Ellikon am Rhein
3763	Eglisau – Tössegg – Rüdlingen
3766	Eglisau – Rheinsfelden
3765	Fähre Tössegg – Buchberg (nur Samstag / Sonntag)
3820	Schaffhausen – Stein am Rhein – Kreuzlingen
–	Fähre Ellikon – Nack (April – Oktober täglich)

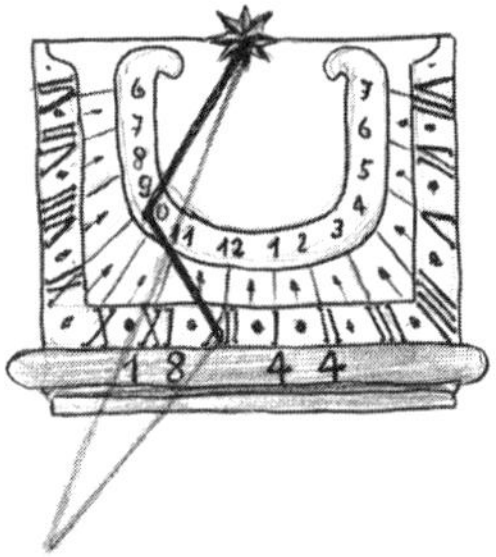

Sonnenuhr an der Galluskapelle

Literatur

Akeret E.: Zürcher Weinland
Bär G.: Auf Wanderwegen im Zürcher Unterland, Rafzerfeld und Weinland
Glättli K. W.: Zürcher Sagen
Gutersohn H.: Geographie der Schweiz, Bd. 3, Mittelland
Guyan W.: Der Rheinfall
Heimatbuch: Mein Stammertal
Kunstdenkmäler des Kantons Zürich
Schaad Th.: Heimatkunde des Kantons Zürich, Teil I
Siedlungs- und Baudenkmäler im Kanton Zürich
Schnieper C.: Natur im Kanton Zürich
Verein Zürcherischer Gemeindeschreiber: Die Gemeinden des Kantons Zürich
Verschiedene Schweizerische Kunstführer
Waldvogel H.: Stein am Rhein
Wälti H. Die Schweiz in Lebensbildern, Bd. 5, Zürich

Viel Wissenswertes in Wort und Bild enthalten die vielen Orts- und Gemeindechroniken und die meist unentgeltlichen Orientierungsschriften für Neuzuzüger in den Gemeinden.

Karten

Wanderkarten Kanton Zürich ZAW

Massstab 1 : 50 000	Blatt Nord	
Massstab 1 : 25 000	Blatt 1	Bülach (Zürcher Unterland)
	Blatt 2	Andelfingen (Zürcher Weinland)

Offizielle Wanderkarte der SAW (gelb)

Massstab 1 : 50 000	216T	Frauenfeld

Amtliche Karten der Schweizer Landestopographie

Massstab 1 : 50 000	Blatt 206	Stein am Rhein
	Blatt 215	Baden
	Blatt 216	Frauenfeld
	Blatt 225	Zürich
Massstab 1 : 25 000	Blatt 1031	Neunkirch
	Blatt 1032	Diessenhofen
	Blatt 1050	Zurzach
	Blatt 1051	Eglisau
	Blatt 1052	Andelfingen
	Blatt 1070	Baden
	Blatt 1071	Bülach
	Blatt 1091	Zürich

Zoll- und Grenzverkehr

Dem Rhein entlang und im Rafzerfeld herrschen zum Teil recht komplizierte Grenzverhältnisse zwischen Deutschland und der Schweiz. Verschiedene Wanderrouten führen als grenzüberschreitende Wanderwege über die so genannte «Grüne Grenze». Hinweistafeln machen darauf aufmerksam, dass bei Tageslicht Fusswanderer (ausgenommen visumspflichtige Ausländer) mit gültigen Grenzübertrittspapieren und Proviant die Grenzen in beiden Richtungen überschreiten dürfen. Für Hunde ist ein gültiges Tollwut-Impfzeugnis mitzuführen.

Grenzwachtkommando Schaffhausen
Telefon 052–630 60 00
Bundesgrenzschutzamt Weil am Rhein
Telefon 0049–76 21 70 051

Ortsverzeichnis

Die Zahlen entsprechen den Routennummern.

Altberg 1, 2, 3
Altburg Ruine 4
Altenburg D 42
Andelfingen 17, 39, 40, 41, 43, 45

Bachs 17
Baden 1, 6
Balm D 36
Barchetsee 44
Bechtersbohl D 21
Bergscheuerhöfe D 21
Berwangen D 33
Boppelsen 7, 8
Brueder 34
Buch am Irchel 27
Buchberg 37, 38
Buchs ZH 9
Bülach 14, 22, 23, 24, 25, 26, 27, 28
Burghof 7
Burghorn Lägeren 6, 10

Chatzensee 4
Cholfirst 41, 45, 46, 47

Dachsen 36, 37, 40, 41
Dänikon 2
Dättenberg 25, 26, 27, 28
Dielsdorf 5, 6, 7, 8, 11, 17, 22
Dorf 27

Egg 13, 14, 15, 16
Eglisau 25, 29, 30, 31, 37, 38, 39
Eglisau Kraftwerk 24, 30
Ellikon am Rhein 34, 35, 36, 37, 41
Embrach 28, 29
Eschenmosen 28

Feuerthalen 45
Fisibach 13, 15, 16, 17, 22
Flaach 26, 38
Flurlingen 46
Freienstein 27

Geroldswil 3
Glattauen 24
Glattfelden 20, 24
Gnal 31, 32, 37
Goldenberg Schloss 24
Gubrist 1, 3
Guggeeren 41
Guntalingen 43, 47

Haumüli 28
Hochfelden 14, 23, 24, 28
Hochwacht Lägeren 6, 9
Honegg 37
Höngg Zürich 3, 4
Hönggerberg 3, 4
Höri 14, 18, 20, 22
Höriberg 14, 20, 24
Hüntwangen Station 32
Husemer See 45, 48
Husen bei Ossingen 43
Hüttikerberg 1

Irchelturm 27

Kaiserstuhl 13, 15, 16, 17, 18, 19, 23, 30
Kaltenbach 49
Kalter Wangen D 21
Küssaburg D 21
Kyburgerstein 45

Lägeren 6, 7, 8, 9, 10, 11
Lägerenalp 11
Laubberg 24
Laufen Schloss 36, 40, 47
Lottstetten D 34

Marthalen 36, 40, 42, 48
Mötschen 7, 9
Mulflenflue 16

Nack D 35, 36
Neerach 14, 18
Neuhausen 36, 40, 46
Niederglatt 18, 20
Niederhasli 22
Niederweningen 9, 12, 13, 14
Nöschikon 22
Nohl 36, 37, 40
Nussbaumen ZH 25
Nussbaumen TG 50
Nussbaumer See 50

Oberehrendingen 10
Oberglatt 5
Oberhasli 5
Oberweningen 11, 15
Oerlingen 48
Oetwil an der Limmat 3
Ossingen 43, 44, 48
Osterfingen Bad 33
Otelfingen 2, 7, 8, 10,

Platten 14, 15, 16

Rafz 31, 32, 33, 34, 35, 36
Rafzerfeld 31, 32
Rafzerstein 34
Regensberg 6, 8, 11
Rheinau 35, 42
Rheinfall 35, 37, 40
Rheinheim D 21
Rheinsfelden 24, 30
Rhinsberg 25
Römerwarte 29, 35
Rorbas 27, 29,
Rudolfingen 41
Rüdlingen 34, 37, 38, 39
Rüebisberg 16
Rümlang 4
Rütihof 13

Sanzenberg 18
Spaltenflue 13
Schaffhausen 45
Schlatt 46
Schleinikon 13
Stadel 19
Stadlerberg 19
Stammerberg 49
Stammheim 43, 46, 47, 49, 50, 52
Stein am Rhein 49
Steinmaur 12, 16, 17
Strassberg 20

Tössegg 26, 29, 39, 45
Tössriederen 29, 39
Trüllikon 45
Truttikon 43

Uhwiesen 47

Wagenbrechi 25, 26
Waidberg 1
Waldhusen 13, 15, 16
Waltalingen 44
Wannenberg D 21
Wasterkingen 21, 31
Wattwil ZH 15
Weiach 19, 23
Weiningen 1, 2, 3
Wildensbuch 41, 45
Windlach 23
Würenlos 1
Wyden Schloss 43

Ziegelhütte bei Flaach 26, 38, 39
Zurzach 21
Zweidlen 24, 30

Markierungen der Wanderwege

Die Schweizer Wanderwege (SAW) haben in der Schweiz über 50 000 km Wanderrouten markiert.
Die einheitlichen Wegzeichen beschränken sich auf vier Arten:

Gelbe Wegweiser mit Standort und Marschzeiten

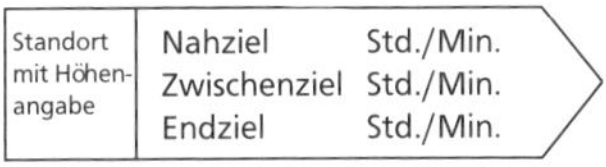

Gelbe Wegweiser mit oder ohne Marschzeiten

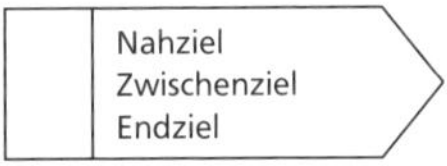

Gelbe Richtungsanzeiger

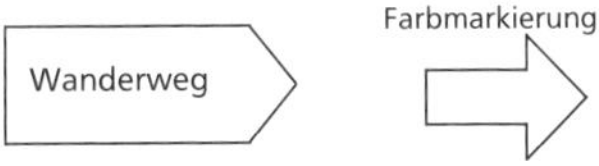

Gelbe Rhomben

Die Markierung der *Bergrouten* unterscheidet sich von derjenigen der Wanderrouten durch die weiss-rot-weisse Spitze des Wegweisers. Richtungszeiger, Rhombus und Farbmarkierung sind weiss-rot-weiss.

Bergrouten stellen grössere Anforderungen an den Wanderer: Bergtüchtigkeit, besondere Vorsicht, wetterfeste Kleidung und geeignetes Schuhwerk mit griffigen Sohlen.

An wichtigen Ausgangspunkten, Bahnhöfen usw. sind zusätzliche Orientierungstafeln mit eingezeichneten Wanderrouten angebracht.

Notizen

Notizen

Zebra- oder Wespenspinne